La Guerre en sabots

DROITS DE TRADUCTION ET DE REPRODUCTION RÉSERVÉS

PAUL DE CLERMONT

La Guerre en Sabots

1792-1796

OUVRAGE ORNÉ DE 75 REPRODUCTIONS EN SIMILI-GRAVURE

D'APRÈS

LES PLUS CÉLÈBRES TABLEAUX DU MUSÉE DE VERSAILLES

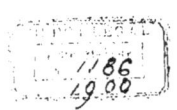

PARIS
LIBRAIRIE CHARLES TALLANDIER
4, RUE CASSETTE, 4

Maison à Lille : 11-13, rue Faidherbe

PRÉFACE

Quelle âme vraiment française l'oubliera jamais, cette mémorable journée du 22 juillet 1792 où, sur toutes les places publiques, au bruit du canon d'alarme, au roulement des tambours, la municipalité promulgua le décret qui déclarait la Patrie en danger ?

Aussitôt se lèvent les citoyens de tout âge et de toutes conditions, qui viennent offrir à la Patrie et leurs bras et leur vie. A peine sont-ils enrôlés qu'ils partent, car la frontière est envahie ; ils partent comme ils sont, vêtus de leurs habits d'ouvriers ou de paysans. Nulle hésitation, nul retard, ils partent,

> Car, du Nord au Midi, la trompette guerrière
> A sonné l'heure des combats.

Autrichiens et Piémontais, Anglais et Prussiens, secondés de-ci, de-là, par les Espagnols, les Sardes et les Napolitains, entourent la France d'une ceinture de fer. Tous ensemble ou se succédant les uns aux autres, ils mettent leur pied sauvage sur le sol sacré de la Patrie. Déjà ils pensent que libre sera la route jusqu'à la capitale, jusqu'à Paris, cœur de la France. Mais, dès les premiers pas, un énergique et vigoureux : « Halte-là ! » les arrête.

Qui donc méconnaît ainsi la puissance de l'or que Pitt a déversé sur l'Europe ? Qui donc ose s'opposer aux armées agglomérées de Brunswick et de Frédéric-Guillaume ? Quels sont les audacieux qui...?

Halte-là ! Devant eux, les étrangers coalisés voient des hommes : jeunes gens à moustache naissante, hommes mûrs à grisonnante chevelure, mais tous, ou peu s'en faut, à demi-nus, ayant aux pieds des souliers sans talons ou sans semelles, des sabots, voire même des chaussures informes, faites de tresses de paille. Vagabonds par l'aspect, plutôt que soldats, ils paraissent ne devoir opposer aux troupes brillantes de l'ennemi qu'un vain semblant de résistance, car ils n'ont à la main, les uns que des piques, les autres que de vieux mousquets.

Pas de chaussures ! Pas d'armes ! Pas de poudre ! Pas de pain ! Mais ces hommes ont violemment au cœur l'amour de la Patrie. Sous des chefs comme La Fayette, Dumouriez, Kellermann, Pichegru, Dagobert, Dugommier, Jourdan, Hoche, Kléber, ils clouent à la frontière Autrichiens, Espagnols et Prussiens. Quatre années durant, de 1792 à 1796, non seulement ils arrêtent l'invasion, mais ils portent chez l'ennemi cette guerre que l'ennemi voulait porter chez eux et lui montrent, en même temps que le courage le plus héroïque, le plus large désintéressement.

Ce fut l'époque où la Tour d'Auvergne, quand un commissaire du Gouvernement lui demandait ce qu'il désirait en récompense de sa bravoure, répondait : « Si vous avez, comme vous le dites, quelque pouvoir, faites-moi donc donner une paire de souliers ! »

C'est le récit de cette épopée héroïque que nous avons entrepris dans a Guerre en sabots.

A la suite d'historiens tels que : Jomini, Thiers, Viennet, Chuquet, Biré, à qui nous avons demandé les meilleures de leurs anecdotes, les plus parfaits de leurs récits, nous avons fait défiler tour à tour les batailles livrées par nos armées du Rhin, de la Moselle, du Nord, du Midi, des Pyrénées orientales ou occidentales et de Sambre-et-Meuse.

Chacun de ces récits est accompagné d'une illustration empruntée à la célèbre galerie historique de Versailles, où l'on a rassemblé les tableaux de nos plus grands artistes modernes.

Nous croyons ainsi avoir caractérisé et glorifié comme ils le méritent, les hauts faits de ces hommes vaillants, qui sont nos ancêtres dans le patriotisme comme ils le sont dans les âges.

Paul de Clermont.

La Guerre en sabots

LA DÉCLARATION DE GUERRE

La Révolution française, préparée par les novateurs du xviie et du xviiie siècle, entra dans sa phase active le jour où se réunirent les États généraux, 5 mai 1789.

Au nom des grands principes proclamés dans la célèbre « Déclaration des Droits de l'homme », qu'elle plaça au frontispice de la Constitution, l'Assemblée constituante fit table rase des institutions anciennes.

Quelque jugement que l'on porte sur ces réformes radicales, nous étions, chez nous, libres, semble-t-il, d'agir à notre guise. Ce bouleversement, puisque c'en était un, restait en apparence simple affaire d'intérieur : la transformation de notre état social ne devait pas intéresser l'étranger. Il n'en fut pas ainsi ; car, en fait, l'exemple donné par la France ne pouvait qu'être contagieux. Les souverains étrangers et leurs courtisans le comprirent ainsi : ils se sentirent menacés dans leurs systèmes et leurs privilèges par le triomphe des idées nouvelles.

Pressés par tant de sollicitations et soucieux de leur propre sécurité, le roi de Prusse, Frédéric-Guillaume, l'empereur Léopold, roi de

Hongrie et de Bohême, signèrent conjointement, avec le comte d'Artois, frère de Louis XVI, la fameuse convention de Pilnitz (27 août 1791), succédant à celle de Padoue (6 juillet 1791). Dans cette dernière il était dit que les souverains se réuniraient pour venger avec éclat le roi de France outragé, mettre des bornes aux extrémités dangereuses de la Révolution et « faire cesser le scandale d'une usurpation de pouvoir qui porterait les caractères d'une révolte ouverte et dont il importerait à tous les gouvernements de faire cesser le funeste exemple ». La déclaration de Pilnitz, malgré sa clause évasive, exprimait les mêmes craintes et faisait les mêmes menaces. Les princes allemands de la Confédération et le Piémont adhérèrent bientôt à cette convention.

L'Assemblée législative, qui succéda, le 30 septembre 1791, à la Constituante, accepta le défi et se prépara à résister à l'ingérence de de l'étranger. Durant l'hiver de 1791-1792, les négociations avec l'empereur se succédèrent et devinrent de plus en plus envenimées, lorsque celui-ci mourut le 1er mars. Son neveu et successeur, l'archiduc François, plus jeune et moins prudent, précipita la crise. Il renouvela, sous une forme très explicite, la déclaration de Pilnitz, donna, le 3 avril, au duc de Brunswick, le commandement général des forces qu'il destinait à « sauver la France et l'Europe de l'anarchie ». Une armée impériale se dirigea sur la Belgique, une autre sur le Rhin.

La France prit les devants, comme Frédéric II, en 1756 ; ce fut elle qui déclara la guerre.

Le 20 avril 1792, Louis XVI entre à l'Assemblée. Dumouriez, qui était alors ministre, lit un rapport sur la situation politique de la France et sur ses griefs contre l'Autriche. Le roi prend la parole à son tour. La guerre est votée presque unanimement et par acclamation ; le public des tribunes éclate en applaudissements ; les députés lèvent leurs chapeaux en l'air ; c'est un enthousiasme indescriptible. « Oui, s'écrient-ils avec Daverhoult, député des Ardennes, il faut faire la guerre, car notre liberté est menacée, et nous avons juré de vivre libres ou de mourir. »

Court, *pinx.*

Marquis de Lafayette
Général commandant en chef de l'armée des Ardennes en 1791.

L'ARMÉE FRANÇAISE

Trois armées françaises s'étendaient le long de la frontière menacée. Le vieux maréchal de Rochambeau, qui avait autrefois bien conduit la guerre, mais qui était aujourd'hui maladif, chagrin et mécontent, commandait l'armée placée en Flandre et dite du Nord. Lafayette avait l'armée du Centre et campait vers Metz. Lückner, vieux guerrier, médiocre général, brave soldat, et très popularisé dans les camps par ses mœurs toutes militaires, commandait le corps qui occupait l'Alsace. C'était là tout ce qu'une longue paix et une désertion presque générale nous avait laissé de généraux.

De plus, l'effectif de ces troupes était on ne peut plus réduit. La lettre suivante, écrite le 10 mai 1791 par l'adjudant général Vieusseur à son ami Brissot, nous dépeint en traits vifs cette lamentable situation : « Les tentes, les marmites, les bidons, les canons, les munitions, les outils n'arrivent que successivement et en petit nombre ; quand on a une chose, l'autre manque..... De pauvres officiers à qui on ne fournit pas la viande comme aux soldats, ni des chevaux pour porter leurs tentes, sont obligés d'acheter tout cela et n'ont que des assignats dont personne ne veut ; ils manquent à la lettre du nécessaire, et cet état de choses, en même temps qu'il décide les gens faibles à abandonner la cause commune, dégoûte les mieux intentionnés et finira par tout perdre. Le soldat est défiant, mutin et mal discipliné ; les plaintes sont inutiles, parce qu'il n'y a plus de moyens de punir et que les lentes formalités prescrites par la loi pour les délits majeurs sont impraticables en campagne..... A chaque instant, on croit voir l'ennemi, et tout de suite les têtes se montent, on crie à la trahison, et l'on fait circuler les contes les plus extravagants. Nous n'avons que des troupes très neuves, très négligentes et très peu accoutumées aux fatigues, qui font le service avec nonchalance et légèreté, qui n'écoutent pas les remontrances ni les instructions des officiers, qui murmurent quand on exige d'elles des choses qui leur paraissent pénibles. »

Et quelles armes possédaient ces troupes? Des villes armèrent à leurs frais des volontaires; elles furent trompées par les spéculateurs; sur dix fusils qu'elles reçurent, un seul faisait feu. On vit, dans quelques garnisons, des volontaires monter la garde avec un bâton. Carnot proposa de fabriquer trois cent mille piques; il soutenait que le Français avait toujours l'avantage à l'arme blanche et qu'il saurait assez bien manier la pique, cette « arme de la liberté », pour arrêter la charge des escadrons prussiens.

L'Assemblée décida que la pique serait donnée à tout citoyen qui ne posséderait pas une arme à feu, que les municipalités feraient fabriquer des piques de six à dix pieds de long et en armeraient les citoyens dans le délai d'un mois; elle envoya partout les instructions sur le mode le plus favorable de disposer un bataillon de fusiliers et de piqueurs. Mais que peuvent les piques contre le canon?

A l'indiscipline et aux défiances de l'armée se joignait la mésintelligence entre les généraux, les uns méditant une guerre d'invasion, les autres résolus à se tenir sur la défensive; les uns attachés à la Constitution de 1791, les autres flatteurs du parti populaire, tous voulant n'en faire qu'à leur tête, aspirant à l'indépendance, regardant leur armée comme leur propriété, sans cesse préoccupés des événements de Paris.

N'y avait-il pas là de quoi justifier le mot de Lafayette? « Je ne puis concevoir comment on a pu déclarer la guerre, en n'étant prêt sur rien! » Aussi ne faut-il pas s'étonner que les débuts de cette guerre aient commencé par la défaite, ou plutôt par la déroute.

Baron de Lückner
Maréchal de France.

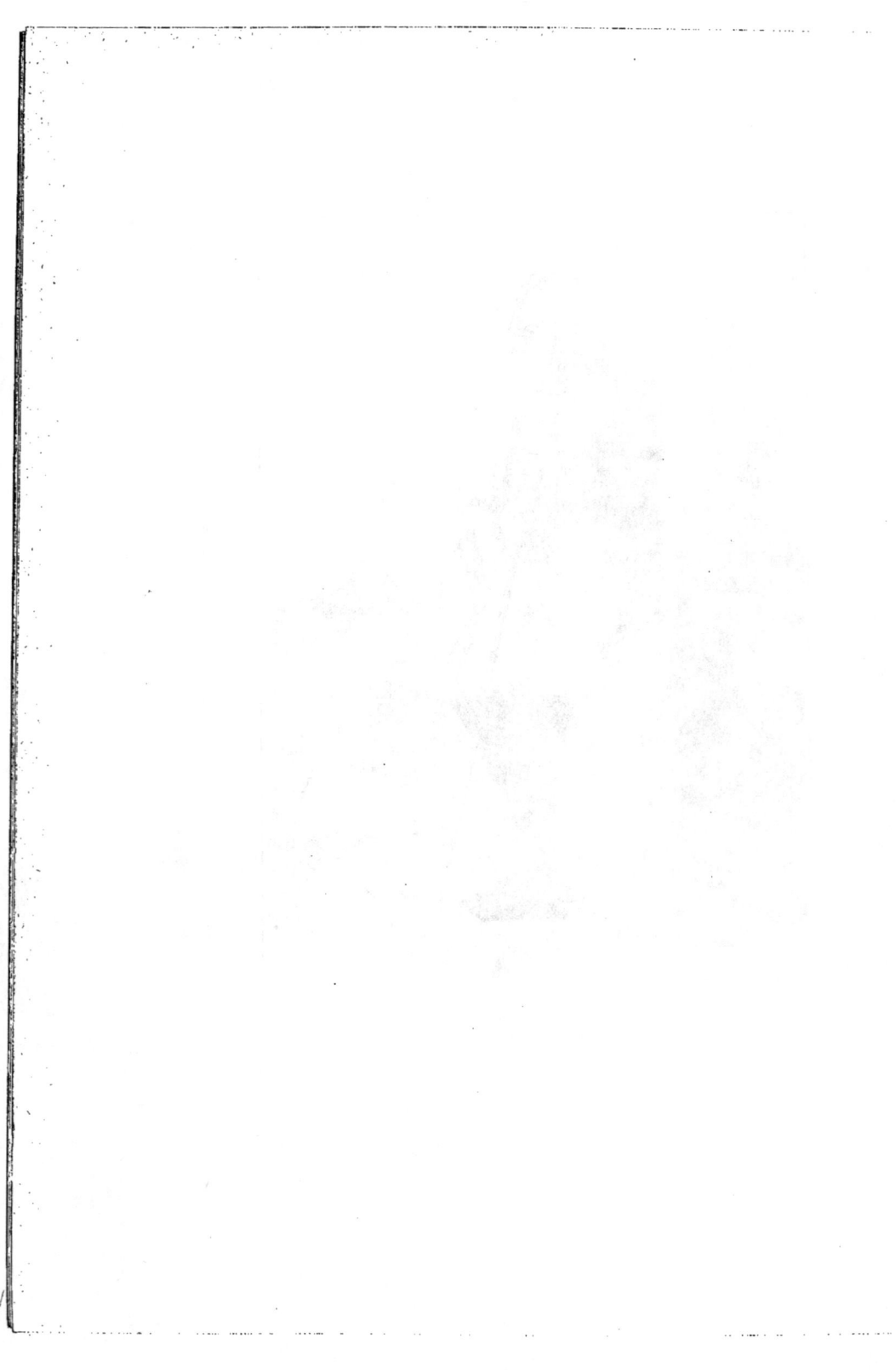

LA PANIQUE DE QUIÉVRAIN

Il avait été décidé que l'on envahirait la Belgique. Ce pays, récemment agité par une révolution que l'Autriche avait comprimée, devait être disposé à se soulever à la première apparition des Français; et alors se réaliserait ce mot de l'Assemblée aux souverains : « Si vous nous envoyez la guerre, nous vous enverrons la liberté! » C'était d'ailleurs le plan conçu par Dumouriez

Le 29 avril, Rochambeau poussa de Lille sur Tournai une colonne aux ordres du général Théobald Dillon; les hussards autrichiens parurent tout à coup; aussitôt la cavalerie française tourna bride en criant : « Sauve qui peut! » et entraîna l'infanterie. Dillon essaya de rallier les fuyards; ses propres soldats lui tirèrent deux coups de pistolet, l'arrachèrent de la grange où il s'était réfugié, le ramenèrent à Lille tout sanglant et l'égorgèrent dans la rue, en même temps qu'ils pendirent le colonel du génie Berthois.

Le même jour, le lieutenant général Biron se porte de Quiévrain sur Mons et chasse de Boussu quelques uhlans; mais il voit les hauteurs de Jemmapes garnies de troupes. Il n'ose tenter l'attaque, et, sur le soir, après une canonnade inutile contre les avant-postes ennemis, il ordonne la retraite. Il rentre à Boussu. Mais ses soldats étaient épuisés par la marche, la chaleur et la faim; ils avaient jeté leur pain sur la route.

Soudain, à dix heures, le bruit se répand que la cavalerie autrichienne a pénétré dans le camp. Les dragons enfourchent leurs chevaux et s'enfuient au grand trot sur le chemin de Valenciennes en criant : « Nous sommes trahis! » Biron et Dampierre s'efforcent de les arrêter : Dampierre ramène la moitié du 5ᵉ régiment, mais Biron et les officiers de son état-major parcourent plus d'une lieue sans pouvoir rallier les dragons du 6°. « Il faisait, dit Latour-Foissac, un beau clair de lune, mais sa lumière était horriblement obscurcie par les flots épais de poussière que la course précipitée des chevaux élevait au-dessus des têtes ; on était emporté par le torrent, on ne se reconnaissait pas, on ne se voyait pas. »

Le lendemain, au point du jour, on se dirige dans le plus grand désordre sur Valenciennes, et on laisse les uhlans s'emparer de Quiévrain. Vainement le maréchal de camp Fleury se met à la tête du 68° bataillon de marche et tente de reprendre le village ; blessé, jeté à bas de son cheval, il voit le régiment se débander en criant qu'il faut retourner à Valenciennes. Vainement, encore, Biron mène le 49° bataillon à l'attaque de Quiévrain et refoule les uhlans ; deux autres bataillons d'infanterie, qu'il court chercher pour garder le village reconquis, refusent de suivre leur général. Biron abandonne Quiévrain et repasse la frontière un des derniers.

Tout se confondait dans cette déroute, infanterie, cavalerie, artillerie ; les chemins étaient couverts de fusils, de sabres et de sacs ; plus de soixante soldats expirèrent de fatigue et de peur ; quelques-uns, tourmentés par une soif ardente, se traînèrent jusqu'à des mares d'eau fétide et y moururent. On laissa sur la place les effets de campagne, les équipages, plusieurs pièces de canon ; on rentra et on s'entassa pêle-mêle dans Valenciennes. Biron ne put déblayer la ville que le lendemain.

Cependant, dans cette déroute universelle, il y eut des actes individuels de courage qu'il ne faut pas laisser dans l'ombre, et l'on se plaît à citer ce mot d'un soldat du 74° bataillon, le grenadier Pie : grièvement blessé, il disait à l'adjudant général Beauharnais : « Mon officier, achevez-moi, que je ne voie pas la honte de cette journée ; je meurs à côté de mon fusil et avec le regret de ne plus le porter. »

Comte de Rochambeau
Maréchal de France
Commandant en chef de l'armée du Nord en 1791.

LA PATRIE EN DANGER!

La nouvelle de la malheureuse issue des combats de Quiévrain et de Tournai et du massacre du général Dillon causa une vive agitation. Rochambeau résigna son commandement, et les trois armées n'en formèrent plus que deux : l'armée du Nord sous Lafayette, avec Dumouriez en sous-ordre ; l'armée du Rhin, sous le maréchal Lückner, avec Biron et Custine.

Bientôt les événements du 20 juin et du 10 août (1792) à Paris entraînèrent la défection de Lafayette, que remplaça Dumouriez. Lückner, devenu suspect, fut personnellement rappelé à Châlons et céda son commandement à Kellermann.

Le 25 juillet, le duc de Brunswick, généralissime des armées coalisées, lance son fougueux et impolitique manifeste. Il venait, disait-il, les armes à la main, détruire l'anarchie et rendre à la France son antique bonheur. Tous les Français sans exception qui combattaient les coalisés seraient punis de mort ; toutes les villes, tous les villages qui résisteraient seraient frappés d'exaction militaire, pillés ou brûlés.

Un cri de rage sortit de toutes les poitrines et donna plus de vigueur encore à l'élan qui se manifestait pour les enrôlements volontaires.

La patrie, en effet, venait d'être déclarée en danger, par le président de l'Assemblée, à la fin de la séance du 11 juillet, où avaient été lus de nombreux rapports faisant connaître la situation extérieure et la coalition des étrangers contre la France.

« C'était, dit Michelet, avec un véritable sentiment religieux que des milliers d'hommes, à peine armés, mal équipés encore, demandaient à traverser l'Assemblée nationale. Leurs paroles, souvent emphatiques et déclamatoires, qui témoignent de leur impuissance pour exprimer ce qu'ils sentaient, n'en sont pas moins empreintes du sentiment très vif de foi qui remplissait leur cœur. Ce n'est pas dans les discours préparés de leurs orateurs qu'il faut chercher ces sentiments, mais dans les cris, les exclamations qui s'échappent de leurs poitrines. « Nous venons comme à l'église », disait l'un. — Et un autre : « Pères de la Patrie, nous voici ! vous bénirez vos enfants ! » Le sacrifice fut, dans ces jours, véritablement universel, immense et sans bornes. » (MICHELET, *Hist. de la Révolution*, t. V, p. 147.)

Dès cet instant les séances furent déclarées permanentes ; des coups de canon tirés de moment en moment annoncèrent cette grande crise ; toutes les municipalités, tous les conseils de district et de département siégèrent sans interruption ; toutes les gardes nationales se mirent en mouvement. Des amphithéâtres se dressent sur les places publiques. Quel tableau ! Une tente, couverte de feuilles de chêne, chargée de couronnes civiques et flanquée de deux piques ; en avant, une table posée sur deux tambours ; le magistrat en écharpe, consignant dans le livre de la patrie le serment sacré d'affronter la mort ; des canons pour défendre les balustrades, les deux escaliers, le devant de l'amphithéâtre ; et, autour, des hommes de tout âge et de toute condition, se précipitant : « Écrivez mon nom ! Voilà mon sang, ma vie ! » Immense fut le nombre des enrôlements. On vit se présenter des hommes mariés et des fils uniques. Un vieillard vint, appuyé sur ses deux enfants, et les trois s'inscrivirent. Ceux qui n'avaient pas seize ans, l'âge de rigueur, voulaient partir comme les autres, priaient, suppliaient, et, refusés, se retiraient avec des larmes de rage dans les yeux.

La garde nationale de Paris donna le grand exemple de partir en masse pour l'armée ; et, en peu de jours, quarante-huit bataillons quittaient la capitale, formant un total de plus de trente mille hommes qui volaient à la défense de la patrie.

LÉON COGNIET, *pinx.*

LA GARDE NATIONALE DE PARIS PART POUR L'ARMÉE
(Septembre 1792).

LES VOLONTAIRES NATIONAUX

Les volontaires de 1792 arrivèrent, pour la plupart, au régiment en guenilles, sans armes, sans gibernes, sans souliers. Exaltés, fanatiques, indisciplinés, ils y retrouvèrent les volontaires de 1791 qui formaient environ les deux tiers des troupes, et, à leur contact s'assouplirent. Les volontaires de 1791 comptaient, en effet, dans leurs rangs un grand nombre de jeunes gens instruits, pleins d'enthousiasme, animés par un profond sentiment du devoir, et par une force morale qu'ils communiquèrent à leurs camarades.

La majorité de ces bataillons — nous parlons de ceux de 1791 comme de ceux de 1792, — élurent pour chefs des hommes dont ils connaissaient le mérite. Un article très sage de la loi prescrivait de ne choisir les officiers et sous-officiers de volontaires que parmi « ceux qui avaient précédemment servi dans les milices bourgeoises ou dans les troupes de ligne ». Les bataillons nationaux eurent donc à leurs têtes d'anciens soldats, et c'est de là, dit Foy, que sont venus presque tous les généraux célèbres dont la France s'honore.

Il n'est donc pas sans intérêt de connaître l'origine et la situation, en 1792, de ces guerriers illustres dont nous retrouverons les noms à chaque page de ce volume et des suivants. La liste que nous citons, d'après Ternaux, Chuquet et Lavallée, n'en sera pas monotone, malgré son uniformité, parce qu'elle prouve qu'il n'y a pas de métaphore à dire que tout soldat français porte dans sa giberne le bâton de maréchal. C'est un encouragement perpétuel pour tous les descendants de ces héros.

Le 1er bataillon du Lot fut commandé par Bessières ; le 1er de la Drôme, par Bon, ancien soldat du régiment de Bourbon ; le 11e des

Vosges, par Bontemps, ancien soldat de Roi-infanterie; le 5ᵉ des Bouches-du-Rhône, par Chabran; le 6ᵉ de la Drôme, par Championnet, ancien soldat des gardes wallonnes et volontaire du régiment de Bretagne; le 3ᵉ de l'Yonne, par Davout, ancien officier de Royal-Champagne; le 1ᵉʳ de la Côte-d'Or, par Delaborde et Pille; le 1ᵉʳ de la Corrèze, par Delmas; la légion des Allobroges, par Doppet; le 2ᵉ du Var, par Gazan; le 1ᵉʳ et le 3ᵉ des Côtes-du-Nord, par Gelin et Felix; le 8ᵉ de la Marne, par Hardy, ancien fourrier à Royal-Monsieur; le 3ᵉ des Vosges, par Nicolas Haxo, ancien soldat de Touraine-infanterie et Jean-Louis Dumas, qui avait été gendarme pendant trente-trois ans; le 13ᵉ des Vosges, par Humbert; le 2ᵉ de la Haute-Vienne, par Jourdan, enrôlé dès sa seizième année dans l'infanterie; le 4ᵉ de Seine-et-Oise, par Laharpe; le 7ᵉ du Jura, par Lecourbe, ancien soldat du régiment d'Angoulême; le 1ᵉʳ de Mayenne-et-Loire, par Lemoine; le 1ᵉʳ d'Eure-et-Loire, par Huet et Marceau; le 1ᵉʳ d'Ille-et-Vilaine, par Moreau, le héros de Hohenlinden; le 1ᵉʳ des Ardennes, par René Moreau; le 3ᵉ de la Meuse, par Oudinot, ancien sergent au régiment de Médoc; la légion des Pyrénées, par Perignon, ancien sous-lieutenant des grenadiers royaux de Guyenne; le 1ᵉʳ des Vosges, par Raoul; le 5ᵉ de l'Ain, par Robin; le 1ᵉʳ du Haut-Rhin, par Salomon, ancien capitaine au régiment suisse de Diesbach; le 2ᵉ de la Corrèze, par Soutram, ancien soldat de Royal-Cavalerie; le 4ᵉ de l'Ardèche, par Suchet; le 1ᵉʳ de la Manche, par Wallubert; le 5ᵉ des Bouches-du-Rhône, par Victor, ancien artilleur du régiment de Valence. A Paris, le 2ᵉ bataillon de volontaires élut pour commandants Haquin, Malbrancq et Gratien; le 3ᵉ, Prudhon; le 6ᵉ, Boucret; le 7ᵉ *bis*, Hardy; le 9ᵉ *bis* ou de l'Arsenal, Friant; le 11ᵉ ou 12ᵉ de la République, Boussard; le bataillon de Molière, Lefebvre; le 1ᵉʳ bataillon des Lombards, Lavalette et Valletaux; le bataillon de la commune et des Arcis, Dumoulin; le 3ᵉ de la République, Richard; le 1ᵉʳ des Grenadiers, Lewal.

Le choix des capitaines fut généralement heureux. Le 1ᵉʳ de la

Vendée élisait Belliard; le 3ᵉ de a Meuse, Boussier; le 1ᵉʳ de l'Aisne, Charpentier; le 1ᵉʳ du Finistère, Chassereaux; le 3ᵉ de la Haute-Garonne, Compans; le 1ᵉʳ et le 3ᵉ du Gers, Dessoles et Delort; la légion des Allobroges, Dessaix, le 1ᵉʳ de Saône-et-Loire, Duhesme;

Boucнот, *pinx.*
CHAMPIONNET
Ancien soldat des gardes wallonnes
Général en chef de l'armée de Naples.

le 1ᵉʳ des Volontaires Parisiens, Gouvion Saint-Cyr; le 2ᵉ de la Marne, Lochet; le 1ᵉʳ des Lombards, Lorge; le 2ᵉ de l'Aube, Ludot; le 9ᵉ des Fédérés, Maison; le 4ᵉ des Vosges, Marion; le 10ᵉ du Jura, Meunier; le 2ᵉ et le 7ᵉ du Doubs, Michaud et Morand; le 4ᵉ de la Moselle, Molitor; le 1ᵉʳ du Nord, Mortier, qui venait d'être nommé lieutenant de carabiniers; le 4ᵉ de l'Aisne, Pécheur; le 3ᵉ de la Haute-Garonne, Pégot; le 1ᵉʳ de la Charente, Pinoteau; le 9ᵉ de la Seine-Inférieure, Rouelle; le 12ᵉ des Vosges, Salme; le 1ᵉʳ de l'Hérault, Soulier; le 1ᵉʳ du Haut-Rhin, Soult.

Citons encore, parmi les adjudants-majors de volontaires qui devinrent plus tard généraux : Brune (2ᵉ de Seine-et-Oise); Féry (2ᵉ de la Marne); Delaage (1ᵉʳ de Mayenne-et-Loire); Masséna (2ᵉ du Var); Oulié (légion des Pyrénées); Radet (2ᵉ de la Meuse); Verdier (2ᵉ de la Haute-Garonne); parmi les lieutenants : Bonnet (1ᵉʳ de l'Orne); Boudet (7ᵉ de la Gironde); Heudelet (3ᵉ de la Côte d'Or); Jacquinot (1ᵉʳ de la Meurthe); Leclerc (2ᵉ de Seine-et-Oise); Mouton (9ᵉ de la Meurthe); Sémélé (3ᵉ de la Moselle); Subervie (2ᵉ du Gers); parmi les sous-lieutenants : Defrance (3ᵉ des Fédérés Nationaux); Guilleminot (4ᵉ du Nord); Lannes (2ᵉ du Gers); Romme (8ᵉ du Jura); Vincent (1ᵉʳ des Pyrénées-Orientales); parmi les sergents-majors : Antoine Merlin, frère de Merlin-Thionville (4ᵉ de la Moselle); parmi les sergents, Compère (10ᵉ des Volontaires Parisiens).

Il faudrait encore citer Pichegru, lieutenant-colonel d'un bataillon du Gard; Malet, capitaine d'un bataillon du Jura; Pajol, sergent-major du 1ᵉʳ des Volontaires du Doubs (21 août 1791) et nommé sous-lieutenant au 92ᵉ de ligne le 12 janvier 1792; Victor Perrin, le futur duc de Bellune, qui, marié le 16 mai 1791, s'engagea le 12 octobre suivant dans le 3ᵉ bataillon de la Drôme. N'oublions pas le plus célèbre de tous, Bonaparte, lieutenant d'artillerie.

Les nouveaux officiers prirent sans peine un grand ascendant sur leurs hommes. Les soldats avaient foi en eux. Les uns, sortis des rangs, comme on vient de le voir ci-dessus, ne cherchaient qu'à se montrer dignes de leur grade; les autres, désireux de s'élever comme eux, et s'honorant de leur obéir, s'efforçaient à l'envie d'obtenir la profonde connaissance du métier; tous étaient unis par une touchante alliance qu'établissaient la communauté d'origine et la simplicité des mœurs.

HENNEQUIN, pinx.

MARCUIS DE PÉRIGNON
Ancien sous-lieutenant des grenadiers royaux de Guyenne
Maréchal de France.

Ce que nous disons des officiers nouveaux, il faut le dire également des anciens officiers restés à l'armée jusqu'en 1792. Cette armée n'était plus l'armée royale, mais l'armée nationale, qui ne tenait compte que de la patrie, et, selon le mot de Lavallette, elle restait fidèle, avant tout, à sa haute destinée de défendre le territoire. Un très petit nombre d'officiers démissionnèrent ou émigrèrent après le 10 août. Les autres sacrifièrent à la France les inclinations secrètes d'un cœur royaliste. Je pense, écrivait Victor de Broglie, chef d'état-major de Lückner, que l'Assemblée n'a pas le droit de suspendre le Roi ; mais, à cause du danger de la patrie et de la présence des ennemis, je reste à l'armée pour m'opposer à l'invasion. Je demeure à mon poste, disait d'Aiguillon, pour défendre l'indépendance nationale. Dommartin mandait à sa mère « qu'il fallait tendre le dos ; mais, ajoutait-il, c'est à l'armée qu'est la place de tous les gens de bien »; et il ne lisait plus les journaux et ne pensait qu'à son service. Un officier de l'armée du Rhin haranguait ainsi ses soldats : « Camarades, on veut nous diviser, mais loin de nous toute dissension, nous sommes en présence de nos ennemis irréconciliables, ne les perdons pas de vue et bornons-nous à ce seul objet. »

Le 16 septembre, quatre jours avant Valmy, un volontaire de l'armée de Kellermann mandait à ses amis de la capitale : « Notre armée ne s'occupe pas beaucoup de l'intérieur, et nous ne voyons que les Prussiens. » Le mot de patrie, racontait plus tard Lavallette, me faisait battre le cœur ; toutes les idées qui m'avaient tourmenté à Paris s'étaient effacées ; le bonheur de combattre pour ma patrie animait toutes mes pensées, et ces impressions profondes étaient partagées par tous les Français.

Cet ardent patriotisme, dit Arthur Chuquet, est le principal secret des victoires de la Révolution. L'armée ressemblait à la Convention qui se réunissait au lendemain de Valmy et que nous décrit Mallet du Pan : cette assemblée, dit-il, était composée individuellement de pygmées, mais ces pygmées, toutes les fois qu'ils agissaient en masse, avaient la force d'Hercule, celle de la fièvre ardente. De même, l'armée française se composait peut-être individuellement de soldats inférieurs aux Prussiens par l'expérience et la discipline, mais toutes les fois qu'elle agissait en masse, elle avait une force que n'eurent jamais les alliés, celle de l'enthousiasme.

Dès lors, pouvons-nous citer ici cette page de Michelet, qui servira de transition naturelle entre ces considérations historiques et les récits des batailles qui vont suivre.

« Nul parti, il faut le dire, ne fut indigne de la France dans ce moment sacré ! Disons mieux, s'il y avait de violents dissentiments sur la question intérieure, sur la question de la défense il n'y eut point de parti. Le peuple fut admirable et nos chefs furent admirables.

« Remercions à la fois la Gironde, les Jacobins et Danton.

« Le salut de la France tint certainement à un acte très beau d'accord, d'unanimité, de sacrifice mutuel, que firent à ce moment ces ennemis acharnés. Tous ils s'accordèrent pour confier la défense nationale à un homme que la plupart d'entre eux haïssaient et détestaient.

« Toutes les forces de la France, et sa destinée, furent remises à un officier peu connu, et qui jusque-là n'avait jamais commandé en chef. Ce Dumouriez, qui avait traîné dans les grades inférieurs, dans une diplomatie qui touchait à l'espionnage, la Révolution le prend, l'adopte, elle l'élève au-dessus de lui-même et lui dit : « Sois mon « épée ! »

« Cet homme, éminemment brave et spirituel, ne fut vraiment pas indigne de la circonstance. Il montra une activité, une intelligence extraordinaires ; ses *Mémoires* en témoignent. Ce qu'on n'y voit point, toutefois, c'est l'esprit de sacrifice, l'ardeur du dévouement qu'il trouva partout et rendit sa tâche aisée ; c'est la forte résolution qui se trouva dans tous les cœurs de sauver la France à tout prix, en sacrifiant non la vie seulement, non la fortune seulement, mais l'orgueil, la vanité, ce qu'on appelle l'honneur. »

LONGWY & VERDUN

La France est envahie !

Malheureusement nos armées n'étaient pas favorablement disposées pour résister à la masse des forces alliées. Trois généraux, Beurnonville, Moreton et Duval, réunissaient 30.000 hommes en trois camps séparés, à Maulde, Maubeuge et Lille. C'étaient là toutes les ressources françaises sur la frontière du Nord et des Pays-Bas. L'armée de Lafayette, désorganisée par le départ de son général, et livrée à la plus grande incertitude, campait à Sedan, forte de 23.000 hommes. Dumouriez allait en prendre le commandement. L'armée de Lückner, composée de 20.000 soldats, occupait Metz et venait, comme toutes les autres, — nous l'avons indiqué plus haut, — de recevoir un nouveau général, c'était Kellermann. L'Assemblée, mécontente de Lückner, n'avait cependant pas voulu le destituer, et, en donnant son commandement à Kellermann, elle lui avait, sous le titre de généralissime, conservé le soin d'organiser la nouvelle armée de réserve, et la mission purement honorifique de conseiller les généraux. Restaient Custine, qui, avec 15.000 hommes, occupait Landau, et enfin Biron, qui, placé dans l'Alsace avec 30.000 hommes, était trop éloigné du principal théâtre de la guerre pour influer sur le sort de la campagne.

Les deux seuls rassemblements placés sur la rencontre de la grande armée des coalisés étaient les 23.000 hommes de Dumouriez et les 20.000 de Kellermann. Si la grande armée d'invasion eût marché rapidement sur Sedan, le principal corps défensif eût été enlevé, les Ardennes auraient été ouvertes et les autres généraux se seraient vus obligés de se replier rapidement pour se réunir derrière la Marne.

Mais les coalisés, aussi hésitants que les Français, sont ainsi composés : 70.000 Prussiens commandés par le roi Frédéric-Guillaume et le duc de Brunswick ; 20.000 Autrichiens. à la tête desquels se trouve Clairfayt, et venant des Pays-Bas, 25.000 Austro-Hessois conduits par Hohenlohe-Kirchberg. Leur plan semble être celui-ci : percer la ligne française par Longwy et Verdun et gagner rapidement Paris par la route de Châlons. Une armée autrichienne, commandée par le duc de Saxe-Teschen, gouverneur des Pays-Bas, envahira en même temps la Flandre française et emportera Lille.

Le 19 août 1792, les Prussiens entrèrent en France, près du village de Redange. Tant qu'ils furent en Allemagne, leur marche était une promenade ; mais, dès qu'ils mirent le pied sur notre territoire, les choses changèrent de face. Il faisait froid comme au mois de novembre ; le vent était âpre, et la pluie tombait à torrents fouettant les visages de ses gouttes glacées et détrempant les chemins. Ni vivres ni bagages n'arrivaient. Les troupes furieuses se vengèrent sur le pays de l'inclémence de la saison et des retards de l'intendance.

D'horribles déprédations furent commises. On fit en quelques endroits les exécutions militaires qu'annonçait le manifeste de Brunswick. On traita la France en pays conquis ; on prit aux paysans leur bétail et leur pain, on réquisitionna leurs voitures et leurs chevaux ; on pilla et brûla leurs maisons, leurs fermes.

Les détachements français furent tout d'abord refoulés. Pas un engagement, pas une légère escarmouche qui ne leur fût défavorable. C'est ainsi que, le 19 août, le général Deprez-Crassier se fit battre, au combat de Fontoy ou d'Aumetz par les hussards de Wolfradt, ceux que l'on avait surnommés le régiment des « bouchers ».

Les paysans, néanmoins, faisaient une sorte de guerre de partisans : embusqués dans les bois, ils massacraient les traînards et les soldats isolés. Il y eut, dans certains villages, des patriotes résolus qui tirèrent de leurs fenêtres sur les premiers Prussiens qui se présentaient. A Sierk, une femme, s'armant d'un fusil, avait tué un hussard qui voulait pénétrer dans sa cave. Lorsque les ennemis étaient entrés à Aumetz, le curé du village avait fait feu sur l'officier qui commandait le détachement et l'avait blessé à la joue.

Les soldats, de leur côté, quoique battus et mis en fuite dans les premières rencontres, avaient lutté avec un courage et une

Mlle Revest, *pinx.*
BIRON
Général en chef des armées du Rhin et du Var.

opiniâtreté qui surprenait les Prussiens. A Sierk, les uns s'étaient jetés dans des barques qui les avaient portés sur l'autre rive de la Moselle, d'où ils tiraient encore sur l'ennemi; les autres s'étaient défendus énergiquement dans les maisons; les Prussiens durent enfoncer les portes de la ville. Les prisonniers gardaient une fière attitude et ne s'étaient rendus qu'à l'extrémité, le corps tout couvert de blessures. L'un d'eux, la mâchoire en sang, disait au prince royal ce mot bien français : « Ils m'ont rasé de trop près ! »

Quoique surnommée la porte de fer de la France, Longwy n'avait pas, en 1792, une fortification suffisante pour arrêter longtemps les ennemis. Investie le 20 août, la place capitule le 23. Les bourgeois de la ville, saisis d'effroi à la vue d'un épouvantable bombardement, avaient forcé le commandant Lavergne d'ouvrir les portes aux coalisés.

A cette nouvelle, l'indignation fut grande à Paris. L'Assemblée publia cette proclamation digne des temps héroïques de Lacédémone :

« Citoyens, la place de Longwy vient d'être rendue ou livrée ! Les ennemis s'avancent. Peut-être se flattent-ils de trouver des lâches ou des traîtres : ils se trompent... La patrie vous appelle, partez. »

En même temps elle décrétait ce qui suit :

« Tout citoyen qui, dans une ville assiégée, parlera de se rendre, sera puni de mort. »

Et le sentiment exprimé par ce décret était si général que, lorsque, dans la séance du 29 août, on vint lire un rapport des officiers, sous-officiers et soldats du 3ᵉ bataillon des Ardennes, où l'exposé des causes qui réduisaient à l'impuissance les défenseurs de Longwy aboutissait à cette question : « Que pouvaient-ils faire ? » plusieurs voix répondirent spontanément : « Mourir ! »

On décida :

Que la ville de Longwy serait rasée ;

Que ses habitants seraient, pendant dix ans, privés du droit de citoyens français ;

Que les commandants des places assiégées pourraient désormais faire démolir la maison de quiconque parlerait de se rendre pour éviter le bombardement ;

Que ceux qui ne marcheraient pas à l'ennemi seraient obligés de remettre leur fusil aux citoyens en route pour une frontière.

De Longwy, les coalisés se tournèrent contre Verdun; ils savaient la place mauvaise; ils espéraient que la bourgeoisie ouvrirait, comme à Longwy, les portes de la ville; enfin, Verdun une fois pris, serait leur grand entrepôt de vivres et le point où s'opérerait le plus

Bouchot, pinx.

MARCEAU
Commandant le 1ᵉʳ bataillon d'Eure-et-Loir.

facilement le passage de la Meuse. Le 30 août, dans la soirée, ils étaient en vue de Verdun.

Cette place était commandée par le lieutenant-colonel Galbaud; malheureusement, les travaux de défense les plus urgents n'étaient pas achevés. Galbaud réclama des fusils, des canons, des bataillons;

on lui promit tout, mais rien ne vint; même on donna l'ordre au 1er bataillon de Seine-et-Marne de quitter la place. Galbaud remit sa démission et fut remplacé par Beaurepaire, le plus ancien officier de la garnison.

Avec beaucoup d'énergie, et quoique son rôle antérieur ne l'y disposât en aucune façon, celui-ci résolut de défendre Verdun jusqu'à la dernière extrémité. « Vous pouvez, écrit-il au maréchal de camp Ligniville qui commandait à Montmédy, vous pouvez compter sur notre fermeté et sur notre courage »; et il mandait au représentant de Mayenne-et-Loire, Chaudieu : « Assurez le corps législatif que, lorsque l'ennemi sera maître de Verdun, Beaurepaire sera mort. »

Mais l'irritation, la défiance, l'épouvante régnait dans la ville; et la capitulation de Longwy y jeta une nouvelle confusion. Il existait, dans le conseil de défense, un parti favorable à la prompte reddition de la place, et Beaurepaire n'eut pas assez d'influence et de vigueur pour le réduire au silence.

Après une double sommation restée sans succès, Brunswick commença le bombardement, qui dura depuis le 31 août à onze heures du soir, jusqu'au lendemain 1er septembre à huit heures du matin et causa de grands dommages. Brunswick fit alors proposer un armistice de vingt-quatre heures, qui, après de longues discussions, fut accepté. Le conseil de défense et la municipalité exigèrent que la ville fût rendue. Beaurepaire, indigné, et voulant tenir sa parole, se tira, dans la nuit. un coup de pistolet qui lui fracassa la tête. Cette mort volontaire fut diversement interprétée. L'Angevin Delaunay regrettait que Beaurepaire ne se fût pas conservé pour la patrie, et Cavaignac, chargé du rapport sur la reddition de Verdun, disait à la Convention : « Il vaudrait mieux qu'au lieu de se donner la mort Beaurepaire l'eût reçue de la main d'un ennemi, à la tête de la garnison, sur un champ de bataille, sur la brèche ou dans la citadelle : c'est là que son sang pouvait couler utilement pour la patrie... »

Le 3 septembre 1792, Verdun était aux mains des coalisés.

DANS L'ARGONNE

Dumouriez, qui avait toujours cru qu'une invasion dans les Pays-Bas y ferait éclater une Révolution, et que cette invasion sauverait la France des attaques de l'Allemagne, avait tout préparé pour se porter en avant le jour même où il reçut sa commission de général en chef des deux armées. Tout entier à son projet, il était resté à Valenciennes ; il comptait sur la résistance des places fortes des Ardennes et de la Moselle pour arrêter les coalisés. La reddition de Longwy (23 août) le détrompe. Le 28, il accourt précipitamment de Valenciennes à Sedan, envoie à Verdun le général Galbaud, qui n'arrivera pas à destination, et assemble un grand conseil de guerre pour étudier la situation.

Ses lieutenants conseillent : les uns de reculer derrière la Marne, les autres de se replier sur les places de la Flandre, que menace déjà le duc de Saxe-Teschen. Dumouriez est d'un tout autre avis : il prétend défendre les cinq défilés de l'Argonne, qu'il appelle les « Thermopyles de la France », et qui sont le Chesne-Populeux, la Croix-aux-Bois, Grandpré, La Chalade, les Isletttes.

L'Argonne est plutôt une suite de plateaux boisés qu'une véritable chaîne de montagnes. Aussi dit-on à la fois l'Argonne et la forêt d'Argonne. Les hauteurs qui la composent, sur une longueur de quinze lieues, n'ont guère que cent mètres d'élévation au-dessus des thalwegs voisins. Mais, en certains endroits, la forêt a plus de trois lieues de largeur, elle renferme des bois épais de hêtres, de bouleaux et de coudriers, de vastes clairières, des gorges escarpées, des vallées étroites et profondes, qui charment les yeux du voyageur et de l'artiste.

L'Argonne n'a plus aujourd'hui la même importance militaire qu'en 1792. Elle n'a plus arrêté l'invasion : Blücher l'a tournée en 1814 ; la troisième armée prussienne ou armée de la Meuse l'a traversée sans obstacle en 1870. Mais, dans l'automne de 1792, à une époque où les routes n'étaient pas entretenues avec le même soin qu'aujourd'hui, où presque toutes les voies de communication qui figurent actuellement sur la carte n'étaient pas encore pratiquées, où le pays présentait mille obstacles que les défrichements et les déboisements ont fait depuis disparaître, l'Argonne offrait des ressources de défense très sérieuses. D'ailleurs, la pluie, qui ne cessa de tomber pendant le mois de septembre, détrempa le sol argileux et mêlé de calcaire; elle rendit les routes de la forêt presque impraticables pour les voitures; elle transforma les vallées en marécages; elle fit déborder les ruisseaux, dont les eaux coulent ordinairement à fleur de terre. Enfin, ces collines qu'on emporterait aujourd'hui, selon le mot d'un historien allemand, en poussant un simple hurrah, inspiraient alors un grand respect aux hommes de guerre et passaient pour d'imprenables positions.

Pendant que Brunswick reste immobile sous les murs de Verdun, Dumouriez organise en hâte la défense de l'Argonne, adresse aux populations une proclamation simple et énergique, et commence ses mouvements. Partant de Sedan, il se glisse entre la Meuse et la forêt, en trois longues étapes ; lui-même conduit le corps principal, Dillon l'avant-garde et Chazot le gros matériel, les bagages et l'arrière-garde.

En même temps, il appelle à Rethel Beurnonville, qui est à Maulde, et au Chesne, Duval, qui est à Maubeuge. Il fait ordonner à son collègue Kellermann de venir, par Pont-à-Mousson et Bar-le-Duc, le rejoindre à Sainte-Menehould.

La jonction est opérée et l'on suit les Prussiens dans leur marche vers Châlons; le 10 septembre, il communique son plan à Kellermann : « Nous tiendrons les Prussiens dans l'entonnoir; tâchons seulement de tomber sur leurs bagages et leurs colonnes

Bellangé, pinx.

Combat dans les défilés de l'Argonne
(Septembre 1792).

d'artillerie ; ils rétrograderont, et cette contre-marche ne se fera pas facilement au travers des grands bois pour regagner Verdun. » Et il ajoutait, avec cet entrain, cette bonne humeur qu'il gardait toujours, même au milieu des plus terribles difficultés : « J'espère que cette marche me guérira d'une colique que j'ai depuis vingt-quatre heures. Embrassez de ma part mon gros Valence, que j'aime beaucoup, mais à qui je n'ai pas le temps de répondre ; il est possible que, sous trois ou quatre jours, je vous embrasse tous les deux en pincettes. »

Le 11, les Autrichiens, commandés par Clairfayt et Kalkreuth, arrivent à Buquenoy ; ils attaquent le lendemain le passage de la Croix-au-Bois. Le colonel Colomb, laissé sur ce point par Dumouriez avec des forces à peine suffisantes, ne s'était pas retranché et avait négligé le service d'éclaireurs ; au moment de l'attaque, il avait même en partie évacué ses positions sous prétexte de faire place à une troupe qui devait le relever dans la journée. Aussi Clairfayt enlève-t-il facilement le défilé, qu'il se met aussitôt en devoir de fortifier.

De son camp de Grandpré, Dumouriez lance immédiatement sur la Croix-au-Bois le général Chazot avec une forte division. Chazot tarde trop, laisse à l'ennemi le temps de se renforcer et de se retrancher solidement ; le 14, il attaque avec vigueur, reconquiert un instant la position et envoie à Dumouriez le billet suivant : « De dessus mon cheval, je m'empresse de vous annoncer la prise que vous désirez... » Malheureusement Clairfayt le tourne, le refoule à nouveau et finit par le rejeter sur Vouziers. En même temps les coalisés attaquent le Chesne-Populeux ; les gardes nationaux de Dubouquet, déjà inquiets de l'échec de la Croix-au-Bois, lâchent pied et se replient sur Attigny.

Les coalisés ont ainsi la faculté de déboucher en pleine Champagne sur les derrières de Dumouriez. Ils espèrent capturer son armée cernée en forêt, entre deux rivières, puis marcher librement sur Paris. Mais Brunswick tâtonne encore, il hésite à franchir l'Aisne, et il laisse à son actif adversaire le temps de mener à bonne fin une nouvelle opération non moins délicate que la première.

Dumouriez songea le jour même à la retraite. Il mande à Beurnonville et à Chazot de se retirer à Sainte-Menehould, à Kellermann de continuer sa marche pour se joindre à lui.

Après avoir pris ces dispositions, après avoir reçu un officier prussien qui demandait à parlementer et lui avoir fait voir le camp dans le plus grand ordre, il se met en marche à minuit. L'obscurité était complète, le temps horrible, les routes détrempées ; mais les troupes qui, heureusement, n'avaient pas eu le loisir de s'alarmer, se retirèrent sans connaître le motif de ce changement de position. L'Aisne est traversée, les ponts sont rompus après le passage et, le 16 au matin, Dumouriez se trouve en position sur les hauteurs d'Autry. Il n'était pas suivi et se croyait sauvé lorsque l'apparition fortuite de l'avant-garde de Hohenlohe-Ingelfinger manque de tout compromettre de nouveau. Les hussards prussiens viennent donner sur la division Chazot qui débouchait de Vaux pour rallier Dumouriez. Battus les jours précédents, les soldats de Chazot se croient cernés, perdus, et crient à la trahison. Les grenadiers jettent leurs armes et leurs sacs ; les artilleurs abandonnent leurs pièces ; les charretiers coupent les traits des voitures. Chazot tente de rallier les fuyards ; quelques hommes se groupent autour de lui et reviennent aux pièces ; mais, au bout d'un instant, ils s'enfuient de nouveau en criant : « Sauve qui peut ! » Un seul canonnier refuse de quitter son poste ; il se met à cheval sur sa pièce et, le sabre au poing, attend les hussards qui fondent sur lui ; on le somme de se rendre : « Non, non, répond-il, je mourrai sur ma pièce ! » il tombe percé de coups.

Les généraux réussissent cependant à opérer un ralliement derrière la Tourbe, mais avec beaucoup de peine et grâce surtout à la bonne contenance de l'arrière-garde.

Dumouriez était depuis vingt heures à cheval. Il mettait pied à

Rouillard, *pinx.*

Dumouriez
Général en chef des armées du Nord.

terre lorsque, tout à coup, il entend des cris de « Sauve qui peut! », des imprécations contre les généraux qui trahissaient, surtout contre le général en chef, qui venait, disait-on, de passer à l'ennemi. L'artillerie avait attelé et voulait se réfugier sur une hauteur; toutes les troupes étaient confondues. Il fit allumer de grands feux et ordonna qu'on restât en place toute la nuit. On passa ainsi dix heures dans la boue. Plus de 1.500 fuyards, s'échappant à travers les campagnes, allèrent répandre à Paris et dans toute la France que l'armée du Nord, le dernier espoir de la patrie, était perdue et livrée à l'ennemi.

Dès le lendemain, tout était réparé. Dumouriez écrivait à l'Assemblée nationale, avec son assurance ordinaire : « J'ai été obligé d'abandonner le camp de Grandpré. La retraite était faite, lorsqu'une panique s'est mise dans l'armée; 10.000 hommes ont fui devant 1.500 hussards prussiens. La perte ne monte pas à plus de 50 hommes et quelques bagages. Tout est réparé et je réponds de tout! »

Mais, convaincu par de tels faits que ses troupes sont inaptes à la guerre de manœuvres, il se hâte de gagner, dès le matin du 17, la position de Sainte-Menehould.

Le même jour, Kellermann, sommé par Lückner de se joindre en toute hâte à son collègue, campait à Fresne-sur-Maine, et le lendemain à Dampierre-le-Château. Il n'était plus qu'à deux lieues de Dumouriez. Mais tant de marches et de contre-marches, entreprises sous une pluie violente et dans les chemins les plus affreux, avaient épuisé son armée et l'avaient, disait-il, mise dans le plus pitoyable état; une partie de son infanterie n'avait plus de chaussures; un grand nombre de volontaires étaient tout nus, et il priait le ministre de lui envoyer des souliers et des habits « sans avoir égard à la couleur. Nos soldats, ajoutait-il, ont la meilleure volonté, mais ils sont moins bien disciplinés que les Prussiens, et ils ont la mauvaise habitude de croire qu'on les a trahis; il faut temporiser, nous ne faisons pas une guerre ordinaire ». Kellermann, à qui son collègue a demandé de rester en position derrière l'Auve, franchit quand même cette rivière et se porte sur le plateau de Valmy. Nous avons, dans l'Argonne, 60.000 hommes environ.

Nous sommes, le 17 septembre, et demain, c'est Valmy.

De son côté, Brunswick, averti que Dumouriez a disparu de Grandpre, se décide à entrer en Champagne. La nuit était noire, profonde, sans lune et sans étoiles; le vent soufflait avec rage. On avait recommandé le plus grand silence, car on s'imaginait que l'adversaire ignorerait jusqu'au dernier moment l'approche de 40.000 soldats. La marche silencieuse de cette longue file d'hommes dans les ténèbres avait je ne sais quoi d'étrange et de sinistre, qui faisait battre le cœur du plus brave. C'est ainsi que, dans la nuit qui précéda le combat de Valmy, les Prussiens allaient à la rencontre des Français tout droit et tête baissée, sans faire une seule reconnaissance, sans envoyer en avant un officier d'état-major pour reconnaître le chemin, sans former un plan de bataille, tellement Frédéric-Guillaume était sûr de surprendre et d'accabler son adversaire.

VALMY

Nous sommes à l'heure décisive.

Le 19 septembre 1792, au soir, les troupes françaises étaient ainsi disposées : l'armée des Ardennes campait à Braux-Sainte-Cohière, et l'armée du Centre à Dommartin-la-Planchette, toutes deux à droite de la grande route. Kellermann avait laissé son quartier général à Dampierre-sur-Auve et fait occuper Gizaucourt par le 1er régiment de dragons. Son avant-garde, sous les ordres de Deprez-Crassier, s'était portée vers le village de Hans, sur la Bionne, au pied du mont d'Yvron; celle de Dumouriez, commandée par Stengel, avait reculé devant les hussards prussiens et s'etait établie à la fois sur l'Hyvron, et sur le tertre de Valmy.

L'avant-garde prussienne avait passé la nuit du 19 au 20 septembre à Somme-Bionne. Elle se mit en marche, le lendemain, entre six et sept heures du matin. Le duc de Brunswick était venu donner lui-même ses instructions au prince de Hohenlohe. Comme la veille, on n'avait qu'un seul but, rejoindre la route de Châlons, en tenant toujours la crête des hauteurs. Une pluie fine et froide tombait depuis la pointe du jour, et un brouillard épais enveloppait la contrée d'un voile impénétrable.

Les Prussiens avaient à peine fait quelques centaines de pas qu'ils se heurtèrent aux dragons français postés à Gizaucourt. Le colonel Tolozan eut à peine le temps de faire remonter ses hommes à cheval et de sortir du village, où il abandonna tous ses bagages. Heureusement, les hussards prussiens de Kœhler, qui étaient en tête, n'avaient pas d'infanterie avec eux, ils n'osèrent demeurer à Gizaucourt, et ce poste important, ayant été, peu

après, repris par les troupes françaises, ne leur fut plus enlevé.
Bientôt on entendit la canonnade du côté de Hans. Deprez-Crassier fit avertir Kellermann que, étant attaqué par des forces considérables, il allait se replier; il ajoutait que le brouillard ne lui permettait pas de reconnaître à qui il avait affaire, mais que son opinion était qu'il avait toute l'armée prussienne devant lui. Deprez-Crassier, revenu au camp, fut envoyé par Kellermann à Gizaucourt. En même temps, la première ligne de bataille fut placée sous les ordres du général Valence, devant Orbeval, entre la rivière d'Auve et la colline de Valmy, perpendiculairement à la chaussée de Châlons. La seconde ligne, commandée par le duc de Chartres, plus tard Louis-Philippe, fut placée parallèlement à la chaussée et perpendiculairement à la première, sur la crête de la colline de Valmy, en sorte que les deux lignes formaient une équerre. Une forte batterie d'artillerie fut établie au moulin de Valmy, qui était le point le plus élevé.

Quand le brouillard commence à se dissiper et que la situation apparaît nettement à Dumouriez, celui-ci prend de rapides et habiles dispositions. Il renforce Kellermann, à gauche avec Chazot, vers Gizaucourt; Stengel était déjà sur le mont d'Hyvron; Beurnonville est conservé en seconde ligne, et Leveneur est poussé comme extrême droite sur la Bionne.

Vers dix heures, la canonnade devint très vive. Les Prussiens établirent, contre le moulin, deux batteries principales qu'ils renforcèrent ensuite successivement. L'une d'elle était sur le prolongement de la colline du moulin, et l'autre sur la colline en face, du côté de la chaussée, devant la sente dite de *la Lune*, que cette journée a rendue célèbre, et où le roi de Prusse fixa le lendemain son quartier général. Ces batteries firent beaucoup de mal à l'armée française; mais les troupes n'en furent point ébranlées : il n'y eut qu'un court instant de désordre dans deux bataillons de la division de Chartres, au milieu desquels un obus fit sauter deux caissons de cartouches. Cette explosion les dispersa momentanément; mais ils se rallièrent aussitôt, malgré le feu auquel ils étaient exposés, et reprirent immédiatement leur place. Du reste, l'ardeur des troupes était si grande, ce jour-là que tous les cavaliers, carabiniers et dragons, dont les chevaux étaient tués ou blessés, couraient aussitôt, carabine à l'épaule, se placer dans les rangs de l'infanterie.

Heim, pinx.

PIERRE DE RYEL, MARQUIS DE BEURNONVILLE
Lieutenant général (1792)
Général en chef de l'armée de la Moselle (1792)
Maréchal de France (1815).

Il est onze heures. Le brouillard épais qui, jusqu'à ce moment, avait enveloppé les deux armées commença à se dissiper; elles s'apercevaient distinctement, et nos jeunes soldats voyaient les

Prussiens s'avancer sur trois colonnes, avec l'assurance de troupes vieilles et aguerries. C'était la première fois qu'ils se trouvaient, au nombre de 100.000 hommes, sur le champ de bataille, et qu'ils allaient croiser la baïonnette. Ils ne connaissaient encore ni eux ni l'ennemi, et ils se regardaient avec inquiétude.

Mais Kellermann, calme et imperturbable, forme rapidement ses troupes en trois [colonnes d'un bataillon de front ; il leur commande d'attendre les assaillants sans tirer un seul coup de fusil et de les charger à la baïonnette dès qu'ils auraient gravi la hauteur ; il met son chapeau, surmonté du panache tricolore, au bout de son épée qu'il élève en l'air et s'écrie : « Vive la Nation ! » L'armée entière lui répond : « Vive la Nation ! Vive la France ! Vive notre général ! » Ce cri se fait entendre sur toute la ligne de bataille et se répète pendant plusieurs minutes ; il se mêle au bruit du canon, aux airs entraînants de la musique qui joue des marches guerrières ; il exalte les âmes. Les soldats, saisis d'enthousiasme, élèvent leurs chapeaux sur leurs baïonnettes et sur leurs sabres : « Qu'ils nous attaquent, se disent-ils les uns aux autres, et ce sera le plus beau moment de notre vie ! »

Douze cents mètres séparaient encore les deux armées. Mais c'étaient les Prussiens et non les Français qui commençaient à se déconcerter et à perdre leurs rangs. Alors Brunswick, qui ne tentait l'attaque qu'avec répugnance et avec une grande crainte du résultat, arrêta la marche de ses troupes. L'infanterie avait à peine parcouru deux cents pas ; elle reçut l'ordre de faire halte.

La canonnade reprit des deux parts, plus nourrie, plus serrée encore qu'auparavant. Brunswick, n'osant enlever de vive force le moulin de Valmy, essayait au moins d'ébranler l'adversaire par le feu de son artillerie. Mais l'artillerie française rendait coup pour coup et ne cessait de tirer avec une justesse, une précision, une rapidité qui surprenaient l'ennemi.

Les troupes étaient admirables, et, malgré quelques moments de confusion, deux ou trois fois produits par des explosions de caissons,

H. VERNET, pinx.

BATAILLE DE VALMY
(20 septembre 1792).

il n'y eut que des traits et des actes d'héroïsme et de sang-froid. Beurnonville passait de rang en rang : « Enfants, dit-il, asseyez-vous, le danger sera moins grand. » Mais personne ne s'assit, et on répondit au général : « Vous êtes bien à cheval ! » Un jeune soldat demanda la permission de se porter sur le front des troupes pour embrasser son frère qui venait d'être tué ; lorsqu'il revint à son poste, en essuyant ses larmes, il cria : « Vive la Nation ! »

A quatre heures, Brunswick essaya une nouvelle attaque. L'assurance de nos troupes le déconcerta encore, et il replia une seconde fois ses colonnes. Marchant de surprise en surprise, trouvant faux tout ce qu'on lui avait annoncé, le général prussien n'avançait qu'avec la plus grande circonspection, et, quoiqu'on lui ait reproché de n'avoir pas poussé plus vivement l'attaque et culbuté Kellermann, les bons juges pensent qu'il a eu raison. Kellermann, soutenu de droite et de gauche par toute l'armée française, pouvait résister, et si Brunswick, enfoncé dans une gorge et dans un pays détestable, eût été battu une fois, il risquait d'être entièrement détruit.

Tel fut le premier succès des armes françaises. Considéré en lui-même, on peut, à la vérité, n'y voir qu'une canonnade où chacune des armées belligérantes se maintint dans sa position ; mais l'armée prussienne manqua son but, tandis que l'armée française atteignit le sien ; et, lorsque l'on raisonne sur le point de vue stratégique, lorsque l'on considère l'époque, les circonstances, l'effet moral et politique de cette canonnade, les conséquences qu'elle a entraînées, on reconnaît qu'elle a bien mérité d'être considérée comme une bataille et comme une victoire. En effet, ce fut dans cette glorieuse journée que les armées étrangères éprouvèrent pour la première fois la résistance d'une nation qui, tout entière soulevée, défend son indépendance et sa liberté. Valmy décida le roi de Prusse et le duc de Brunswick à demander immédiatement un armistice aux généraux français ; cet armistice fut bientôt suivi de l'évacuation totale du territoire et de l'abandon d'une entreprise dans laquelle ils s'étaient si imprudemment engagés.

Dans le tableau que reproduit notre gravure, on aperçoit, au centre, Kellermann ; son cheval vient d'être tué sous lui. L'officier général qu'on voit à sa gauche est le général Pully, qui commandait les cuirassiers et une brigade de grosse cavalerie faisant partie de la division du duc de Chartres. Derrière lui, et à pied, se trouve le capitaine Sénarmont, de l'artillerie, blessé à la cuisse ; sur la droite de Kellermann, est un groupe d'officiers généraux, parmi lesquels le général Valence, le duc de Chartres et le duc de Montpensier, qui était alors son aide de camp, le général Schauenbourg, chef de l'état-major de Kellermann, et plusieurs autres ; et plus loin les généraux Linch et Muratel, qui commandaient les brigades d'infanterie dans la division du duc de Chartres. C'est cette division qui entoura le plateau du moulin de Valmy, dont la défense lui était confiée et qui forme le premier plan du tableau. Sur la gauche, le moulin ; l'ambulance est établie auprès de la maison du meunier. Les troupes qu'on voit se prolonger entre le moulin et le village de Gizaucourt étaient de la division du général Valence ; celles qui s'étendent depuis le moulin jusqu'à la droite du tableau étaient de la division du duc de Chartres. Le bataillon de Volontaires nationaux, qu'on voit en colonne, auprès du moulin, est le premier bataillon de Saône-et-Loire ; devant lui, se trouvent le 30ᵉ (Perche), colonel de Baudre ; le 44ᵉ (Orléans), colonel Lagrange ; le 89ᵉ (Conty), colonel Dupuch ; le 90ᵉ (Chartres) ; le 94ᵉ (Salm-Salm), colonel Rothenbourg ; le 97ᵉ (Nassau), colonel Rebwell ; etc., et enfin le bataillon qui marche en bataille sur la droite du tableau est le premier régiment de ligne, commandé par le colonel Bris de Montigny.

L'armée française fait face vers Châlons et Paris. Devant elle, sont les batteries prussiennes, derrière lesquelles on voit la sente de la Lune et toutes les lignes et colonnes de l'armée de Brunswick.

CONQUÊTE DE LA SAVOIE & DE NICE

Malgré leur échec relatif du 20 septembre, les coalisés persistent à croire que l'armée française est à toute extrémité. Ils se retranchent, le 21, sur les hauteurs du mont Hyvron-La-Lune-Gizaucourt, abandonnées par nous. En face d'eux Kellermann campe sur la rive droite de l'Auve; dans le fond opposé se trouve Dumouriez.

Dans cette position singulière les Français faisaient face à la France semblant l'envahir, et les Prussiens, qui étaient appuyés contre elle, semblaient la défendre. C'est ici que commença de la part de Dumouriez une suite d'actes pleins d'énergie et de fermeté, soit contre l'ennemi, soit contre ses propres officiers, soit contre l'autorité française. Il opposa sa propre prévoyance aux soupçons, aux clameurs, qui de toutes parts l'assiégeaient. Il tint bon dans son plan que tous ou presque tous désapprouvaient. Il garda sa position de Sainte-Menehould. Résolution hardie, tellement hardie que Napoléon, de son propre aveu, n'aurait osé la prendre. « Je me regarde, disait le prisonnier de Sainte-Hélène, comme l'homme le plus audacieux à la guerre qui ait jamais existé, et bien certainement je ne serais pas resté dans la position de Dumouriez, tant elle m'eût présenté de dangers. Je n'explique sa manœuvre qu'en me disant qu'il n'aura pas osé se retirer. Il aura jugé encore plus de périls dans la retraite qu'à demeurer. Les Français ne savent pas se retirer devant un ennemi victorieux ; s'ils ont le moindre échec, ils n'ont plus ni tenue ni discipline, ils vous glissent dans la main. Voilà, je suppose, quel aura été le calcul de Dumouriez. » Napoléon se trompait; Dumouriez, en restant à Sainte-Menehould obligeait les Prussiens à lui faire face ; il les empêchait de se rejeter dans le département de la Meuse et les

Évêchés, où ils auraient vécu au large sur un riche terroir; il les retenait immobiles dans un pays stérile où ils devaient périr à la longue de misère et de faim. Se retirer sur Châlons, c'était livrer le pays de Bar et la Lorraine et ouvrir des subsistances à l'ennemi, qui pourrait hiverner sur le sol français et se préparer à une seconde campagne.

Dumouriez voyait juste. Mais, dans le camp, où les officiers s'ennuyaient et où Kellermann était peu satisfait de trouver une autorité supérieure; à Paris, où l'on se sentait séparé de la principale armée, et où l'on n'apercevait rien entre soi et les Prussiens, où l'on voyait même les uhlans arriver à quinze lieues, depuis que la forêt de l'Argonne était ouverte, on ne pouvait approuver le plan de Dumouriez. L'Assemblée, le Conseil se plaignaient de son entêtement, lui écrivaient les lettres les plus impératives pour lui faire abandonner sa position et repasser la Marne. Le camp à Montmartre et une armée entre Châlons et Paris étaient le double rempart qu'il fallait aux imaginations épouvantées. *Les houlans vous harcèlent!* écrivait Dumouriez, *eh bien! tuez-les; cela ne me regarde pas. Je ne changerai pas mon plan pour des housardailles, allez.* Cependant les instances et les ordres n'en continuaient pas moins. Dans le camp, les officiers ne cessaient de faire des observations; les soldats seuls, soutenus par l'entrain du général qui avait soin de parcourir leurs rangs, de les encourager et de leur expliquer la position critique des Prussiens, les soldats supportaient patiemment les pluies et les privations. Une fois, Kellermann voulut partir, et il fallut que Dumouriez, comme Colomb demandant encore quelques jours à son équipage, promît de décamper si, dans un laps de temps donné, les Prussiens ne battaient pas en retraite.

La belle armée des coalisés se trouvait, en effet, dans un état déplorable; elle périssait par la disette et surtout par le cruel effet de la dysenterie. Les dispositions de Dumouriez y avaient puissamment contribué. Les tirailleries sur le front du camp étant jugées inutiles, parce qu'elles n'aboutissaient à aucun résultat, il fut convenu entre les deux armées de les suspendre; mais Dumouriez stipula que ce serait sur le front seulement. Aussitôt il détacha toute sa cavalerie, surtout celle de nouvelle levée, dans les pays environnants, afin d'intercepter les convois de l'ennemi, qui, étant arrivé par la trouée

Dubufe, pinx.

Marquis de Montesquiou
Lieutenant général (1791)
Général en chef de l'armée du Midi (1791).

de Grandpré et ayant remonté l'Aisne pour suivre notre retraite, était obligé de faire passer ses approvisionnements par les mêmes détours. Nos cavaliers avaient pris goût à cette guerre lucrative et la poursuivaient avec un grand succès.

On était arrivé aux derniers jours de septembre; le mal devenait intolérable dans l'armée prussienne : aussi, dès le 1ᵉʳ octobre, la retraite commença comme l'avait prévu Dumouriez. Ce fut dans l'Europe un grand sujet d'étonnement, de conjectures, que de voir une armée si puissante, si vantée, se retirer humblement devant ces ouvriers, ces tailleurs, ces savetiers, ainsi que l'on disait.

Cette retraite, néanmoins, se fit avec le plus grand ordre, car cet ennemi qui consentait à partir n'en n'était pas moins très puissant. Vouloir lui barrer tout à fait la route et l'obliger à s'ouvrir un passage par une victoire eût été une imprudence que Dumouriez n'aurait pas commise. Il fallait se contenter de le harceler, et c'est ce qu'il fit avec trop peu d'activité par sa faute et celle de Kellermann.

Le danger était passé, la campagne finie et chacun était rendu à soi et à ses projets. Dumouriez songeait à son entreprise des Pays-Bas, Kellermann à son commandement de Metz, et la poursuite des Prussiens n'obtint plus des deux généraux l'attention qu'elle méritait. Dumouriez dépêcha le général d'Harville au Chesne-Populeux pour châtier les coalisés, ordonna au général Miaczinski de les attendre à Stenay, au sortir du passage, pour achever de les détruire; envoya Chazot du même côté pour occuper la route de Longwy; plaça les généraux Beurnonville, Stengel et Valence sur les derrières de la fameuse grande armée, avec plus de vingt-cinq mille hommes, et enjoignit à Dillon, qui s'était toujours maintenu aux Islettes avec le plus grand bonheur, de s'avancer par Clermont et Varennes, afin de couper la route de Verdun. Ces dispositions étaient bonnes, sans doute, mais elles auraient dû être exécutées par le général lui-même; il aurait dû fondre directement sur le Rhin et le descendre ensuite avec toute son armée. Dans ce moment de succès, renversant tout devant lui, il aurait conquis la Belgique en une marche. Mais il songeait à venir à Paris pour préparer une invasion par Lille. De leur côté, les trois généraux Beurnonville, Stengel et Valence ne s'entendirent pas assez bien et ne poursuivirent que faiblement les Prus-

Prise de Chambéry
(25 septembre 1792).

siens. Valence, qui dépendait de Kellermann, reçut tout à coup l'ordre de venir joindre son chef à Châlons afin de reprendre la route de Metz. Il faut convenir que ce mouvement était singulièrement imaginé, puisqu'il ramenait Kellermann dans l'intérieur pour reprendre ensuite la route de la frontière lorraine. La route naturelle était en avant, par Vitry ou Clermont, et elle se conciliait avec la poursuite des Prussiens, telle que l'avait ordonnée Dumouriez. A peine celui-ci connut-il l'ordre donné à Valence qu'il lui enjoignit de poursuivre sa marche, disant que, tant que durerait la jonction des armées du Nord et du Centre, le commandement supérieur lui appartiendrait à lui seul. Il s'en expliqua très vivement avec Kellermann, qui revint sur sa première détermination et consentit à prendre sa route par Sainte-Menehould et Clermont. Cependant la poursuite ne s'en fit pas moins avec beaucoup de mollesse. Dillon seul harcela les Prussiens avec une bouillante ardeur et faillit même se faire battre en s'élançant trop vivement sur leurs traces.

Quoi qu'il en soit, on peut souscrire au jugement de Thiers : « Dumouriez, malgré ses fautes, malgré ses distractions au Grandpré, malgré sa négligence au moment de la retraite, n'en fut pas moins le sauveur de la France. C'est lui qui, s'emparant d'une armée désorganisée, défiante, irritée, lui rendant l'ensemble et la confiance, établissant sur toute cette frontière l'unité et la vigueur, ne désespérant jamais au milieu des circonstances les plus désastreuses, donnant, après la perte des défilés, un exemple de sang-froid inouï, persistant dans ses premières idées de temporisation malgré le péril, malgré son armée et son gouvernement, d'une manière qui prouve la vigueur de son jugement et de son caractère ; c'est lui, disons-nous, qui sauva notre patrie de l'étranger et donna l'exemple si imposant d'un homme sauvant ses concitoyens malgré eux. »

Tandis que ces événements se passaient à la frontière du Nord et du Rhin, nous remportions d'autres avantages sur la frontière des

Alpes. Montesquiou, placé à l'armée du Midi, envahissait la Savoie et faisait occuper le comté de Nice par un de ses lieutenants.

D'après le plan conçu par Dumouriez, lorsqu'en qualité de ministre des Affaires étrangères il régissait à la fois la diplomatie et la guerre, la France devait pousser ses armées jusqu'à ses frontières naturelles, le Rhin et la haute chaine des Alpes. Pour cela il fallait conquérir la Belgique, la Savoie et Nice. La France avait ainsi l'avantage, en rentrant dans les principes naturels de sa politique, de ne dépouiller que les deux seuls ennemis qui lui fissent la guerre, la Maison d'Autriche et la cour de Turin. C'est de ce plan manqué en avril dans la Belgique, et différé jusqu'ici en Savoie, que Montesquiou allait exécuter sa partie. Il donna une division au général Anselme pour passer le Var et se porter sur Nice à un signal donné; il marcha lui-même, avec la plus grande partie de son armée, de Grenoble sur Chambéry; il fit menacer les troupes sardes par Saint-Geniès; et, s'avançant lui-même du fort Barrau sur Montmélian, il parvint à les diviser et à les rejeter dans les vallées. Tandis que ses lieutenants les poursuivaient, il se porta sur Chambéry, le 28 septembre, et y fit son entrée triomphale à la grande satisfaction des habitants. Il forma aussitôt une assemblée de Savoisiens, pour y faire délibérer, sur une question qui ne pouvait être douteuse, celle de la réunion à la France.

Au même instant, Anselme, renforcé de 6.000 Marseillais, s'était approché du Var, torrent inégal, comme tous ceux qui descendent des hautes montagnes, tour à tour immense et desséché et ne pouvant pas même recevoir un pont fixe. Anselme passa très hardiment le Var et occupa Nice, que le comte Saint-André venait d'abandonner et où les magistrats l'avaient pressé d'entrer pour arrêter les désordres de la populace. Les troupes sardes se rejetèrent vers les hautes vallées; Anselme les poursuivit; mais il s'arrêta devant un poste redoutable, celui de Saorgio, dont il ne put jamais chasser les Piémontais.

Prise de Villefranche et invasion du comté de Nice
(29 septembre 1792).

Pendant ce temps, l'escadre de l'amiral Truguet, combinant ses mouvements avec ceux du général Anselme, avait obtenu la reddition de Villefranche et s'était portée devant la petite principauté d'Oneille. Beaucoup de corsaires trouvaient ordinairement un asile dans ce port, et, pour cette raison, il n'était pas inutile de le réduire. Mais, tandis qu'un canot français s'avançait pour parlementer, plusieurs hommes furent, en violation du droit des gens, tués par une décharge générale. L'amiral, embossant alors ses vaisseaux devant le port, l'écrasa de ses feux, y débarqua ses troupes, qui saccagèrent la ville.

Après cette expédition, l'escadre française retourna devant Nice, où Anselme, séparé par les crues du Var du reste de son armée, se trouvait dangereusement compromis. Cependant, en se gardant bien contre le poste de Saorgio et en ménageant les habitants plus qu'il ne le faisait, sa position était tenable, et il pouvait conserver sa conquête.

Sur ces entrefaites, Montesquiou s'avançait de Chambéry sur Genève, et allait se trouver en présence de la Suisse, très diversement disposée pour les Français, et qui prétendait voir dans l'invasion de la Savoie un danger pour sa neutralité.

Voici quel était, vers la fin de 1792, depuis Dunkerque jusqu'à Bâle, et depuis Bâle jusqu'à Nice, l'état de nos armes. La frontière de la Champagne était délivrée de la grande invasion ; les troupes se portaient de cette province vers la Flandre, pour secourir Lille et envahir la Belgique. Kellermann prenait ses quartiers en Lorraine. Custine, échappé des mains de Biron, maître de Mayence, et courant imprudemment dans le Palatinat et jusqu'au Mein, réjouissait la France par ses conquêtes, effrayait l'Allemagne, et s'exposait imprudemment à être coupé par les Prussiens, qui remontaient la rive droite du Rhin, en troupes massées et battues, mais nombreuses et capables encore d'envelopper la petite armée française. Biron campait toujours le long du Rhin. Montesquiou, maître de la Savoie, par la retraite des Piémontais au-delà des Alpes, et préservé de nouvelles attaques par les neiges, avait à décider la question de la neutralité suisse ou par les armes ou par des négociations. Enfin, Anselme, maître de Nice, et soutenu par une escadre, pouvait résister dans sa position, malgré les crues du Var, et malgré les Piémontais groupés au-dessus de lui dans le poste de Saorgio.

LE SIÈGE DE LILLE

En quittant la Flandre pour se porter rapidement à la rencontre de Brunswick qui entrait en France par la Lorraine, Dumouriez avait ramassé toutes les troupes disponibles. Il ne resta dans le Nord que neuf à dix mille hommes sous le commandement du lieutenant-général Moreton de Chabrillant. Cette frontière était donc pleinement à la discrétion des Autrichiens commandés par le duc Albert de Saxe-Teschen. Ce prince, après s'être emparé successivement des postes de Lannoy, Roubaix, Tourcoing et d'une grande partie du pays entre Douai, Valenciennes et Lille, se porta rapidement sur cette dernière place et l'investit le 23 septembre 1792.

Les travaux d'approche durèrent jusqu'au 29. Ce même jour, au matin, le major autrichien d'Aspre, suivi d'un trompette et de trois hussards, somma le commandant Ruault de rendre la ville. Celui-ci répondit que la garnison était résolue à s'ensevelir sous les ruines de la place, et le maire André répliqua, au nom du conseil de la commune : « Nous venons de renouveler notre serment d'être fidèles à la nation, de maintenir la liberté et l'égalité, ou de mourir à notre poste; nous ne sommes pas des parjures. » Le parlementaire fut accompagné jusqu'à la porte Saint-Maurice par une population enthousiaste qui ne cessait de crier : « Vive la nation! Vive la liberté! Mort aux Autrichiens! »

Le bombardement commença deux heures plus tard. Une grêle de bombes, d'obus et de boulets rouges s'abattit sur la ville et y alluma de nombreux incendies. Le premier moment de stupeur passé, les habitants s'enhardissent et se mettent à l'œuvre. On s'accoutume au feu roulant des canons et des mortiers; on voit venir les bombes ; on reconnaît les boulets rouges ; on les saisit avec des pinces, des tenailles, de grandes cuillers en fer fabriquées exprès, on les jette dans les ruisseaux ou dans des chaudrons d'eau placés à chaque étage et devant chaque porte. Bientôt après, on riait du danger, on devenait téméraire, on rivalisait de courage et de crânerie. Des femmes, des enfants se disputaient le périlleux plaisir de courir après les boulets ou d'arracher la mèche enflammée des bombes. « Les scélérats, disait-on, ils n'auront pas la ville pour cela ! » Un barbier nommé Maes ramassait un éclat de bombe et en faisait un plat à barbe pour raser ses clients, à l'endroit même où le projectile était tombé.

Le capitaine des canonniers Lillois, Ovigneur, voyant sa maison incendiée, disait tranquillement qu'il restait à son poste et rendait feu pour feu. Un boulet perça le mur de la salle où s'était réuni le corps électoral et passa entre le secrétaire et le curé de Marchiennes : « Je propose, s'écria le curé, de déclarer ce boulet en permanence, il témoignera de notre fermeté et de notre assiduité aux séances. »

Le bombardement dura sans se ralentir du 29 septembre au 3 octobre ! Pendant ces cinq jours 30.000 boulets rouges et 6.000 bombes, remplis pour la plupart de clous, de morceaux de fer et de mitraille, tombèrent dans la ville. Le ciel semblait embrasé, et à la lueur des incendies, les Lillois pouvaient lire le journal en pleine nuit comme en plein jour. Le 4, il reprit, de huit heures du soir à onze heures, avec une fureur incroyable ; mais, dès le 5, il se ralentit.

L'héroïque résistance des Lillois vainquit enfin l'obstination du duc Albert. Les munitions commençaient à lui manquer et, de plus, le général Labourdonnaye revenant de Soissons, Beurnonville, de la Champagne, le menaçaient. Le 8 il leva le siège.

La Convention décréta que la ville avait bien mérité de la Patrie, et la Commune de Paris arrêta que la rue Bourbon prendrait le nom de rue de Lille, qu'elle a depuis conservé.

H. Lecomte, pinx.

Levée du siège de Lille.
(8 octobre 1792).

LE SIÈGE DE THIONVILLE

Tandis que le roi de Prusse, au commencement de la campagne, s'était emparé de Verdun, le général autrichien Clerfayt avait bombardé et pris Longwy, et le prince de Hohenlohe-Kirchberg était allé mettre le siège devant Thionville.

Situé dans une petite plaine que bornent, à l'ouest, des collines couvertes de bois; à l'est, la Moselle; au sud, un affluent de la Moselle, la Fensch, c'était alors une des meilleures places de la frontière française, dont le gouverneur était le baron Felix-Louis de Wimpffen.

La ville fut investie le 29 août. Une première sommation fut envoyée, le 4 septembre, à Wimpffen, et engageait les habitants à suivre l'exemple de Longwy et de Verdun. Wimpffen répondit qu'il ignorait ce qui se passait en France, que les citoyens et la garnison étaient fidèles à la nation, à la loi et au roi, qu'ils dépendaient au reste des autorités établies à Metz et ne pouvaient recevoir d'ordres que d'elles. Le 5, nouvelle sommation, et même réponse.

Hohenlohe-Kirchberg se résolut à bombarder la ville; mais ses canons ne firent que peu de mal. Les artilleurs de la place ripostèrent énergiquement et tuèrent ou blessèrent plusieurs artilleurs ennemis.

Par contre, les assiégés firent plusieurs sorties non sans succès; parmi eux se distinguèrent le futur général Krieg, qui devait prendre le commandement de la place après le départ de Wimpffen et de son successeur Saint-Hillier; Sémélé, officier au 3ᵉ bataillon de la Moselle et, plus tard, lieutenant général; Hoche, qui servait alors comme lieutenant dans le 58ᵉ régiment. Hoche et Sémélé allaient faire le coup de feu avec les vedettes. Dans une de ces sorties, la garnison tua aux Autrichiens 450 hommes, et le prince de Waldeck, qui combattit avec un grand courage, eut le bras emporté par un boulet.

La population de Thionville avait autant de bonne volonté que la garnison. Elle était résolue à ne pas capituler et à plutôt faire sauter la ville. Les enfants de la Fensch, comme se nommaient les Thionvillois, placèrent sur le rempart un cheval de bois avec une botte de foin dans la bouche et cette inscription : « Quand le cheval mangera ce foin, Thionville se rendra... » Les femmes dansaient autour des batteries. Jamais, dit Arthur Chuquet, d'après un témoin oculaire, on n'avait vu une ville aussi tranquille et aussi gaie. Les canonniers de la garde nationale ne tiraient qu'à de rares intervalles, le soir, après le souper, et le matin, après le coup d'eau-de-vie. Mais ils étaient convenus de former une masse et de donner un prix à celui d'entre eux qui viserait assez juste pour démonter une pièce ou renverser un homme; celui qui manquait payait une amende.

En somme, ce siège ne fut qu'un blocus, et encore un blocus mal établi. Le bombardement, qui ne dura pas trois heures, ne brûla pas une toise de toiture et ne causa pas pour dix écus de dégâts. Mais ce siège retarda les opérations des coalisés et rendit le courage à la capitale et aux provinces. La Commune de Paris arrêta que la rue Dauphine prendrait le nom de rue de Thionville. La Convention fit donner aux habitants un secours de 30.000 francs, et placer dans la salle de ses séances, à côté des drapeaux enlevés à la garnison de Spire et à l'armée piémontaise, les boulets autrichiens que lui offrirent les Thionvillois. Le 14 octobre, une députation de Messins alla féliciter la population de Thionville et lui porta une couronne civique, qui fut promenée dans les rues et sur les remparts, aux sons de la musique.

Le siège fut levé le 16 octobre.

Levée du siège de Thionville
(16 octobre 1792).

REPRISE DE LONGWY

La bataille de Valmy avait changé la face des affaires. Le roi de Prusse étant décidé, comme nous l'avons vu, à commencer sa retraite, les généraux en chef Dumouriez et Kellermann partagèrent l'armée française en plusieurs corps pour se mettre à sa poursuite. Bientôt après, lorsque l'armée prussienne eut évacué la Champagne et repassé ceux des défilés de l'Argonne qui étaient en son pouvoir, Dumouriez, prévoyant que l'armée autrichienne, sous les ordres de Clerfayt, allait se porter sur les Pays-Bas autrichiens pour en disputer la conquête aux Français, détacha trente mille hommes qui partirent à marche forcée du Chesne-Populeux pour Valenciennes; ils allaient en deux colonnes, la première sous les ordres de Beurnonville, la seconde sous les ordres du duc de Chartres. Pendant que ce mouvement s'exécutait, Dumouriez se rendit à Paris pour y concerter avec le Gouvernement les opérations ultérieures, tandis que Kellermann, renforcé par les corps des généraux Valence et Arthur Dillon, était chargé de suivre l'armée du duc de Brunswick dans sa retraite.

Dillon, débouchant par les Islettes et par Clermont en Argonne, arriva devant Verdun lorsque l'armée ennemie commençait à passer la Meuse et que son arrière-garde entrait dans la ville. Il se porta aussitôt en avant avec neuf escadrons, cinq bataillons et plusieurs batteries, les installa sur le mont Saint-Barthélemy, qui domine la citadelle, et somma alors le commandant de livrer la place.

La capitulation fut signée le 22 octobre. Les troupes prussiennes durent évacuer Verdun le 14 octobre avant midi; les approvisionnements de la place seraient remis à l'armée française; les malades resteraient dans les hôpitaux jusqu'à leur entière guérison et ne pourraient être faits prisonniers de guerre.

Les Prussiens résolurent aussi de rendre Longwy à Kellermann, pourvu qu'il les laissât se retirer tranquillement dans le Luxembourg. Cette place n'était pas assez forte pour supporter un long siège ; le bataillon autrichien qui la gardait avait ordre de se retirer, et l'on ne pouvait y mettre une garnison prussienne, car il fallait à tout prix se rapprocher du Rhin et des frontières de Prusse, prendre de bons quartiers d'hiver et préparer à loisir une seconde campagne. On convint que la porte de France serait remise le 22 octobre aux troupes françaises, et la ville évacuée vingt-quatre heures plus tard.

Les Coalisés n'avaient plus rien en France ; il ne leur restait plus qu'à évacuer totalement le territoire. L'armée, qu'on nommait naguère la grande armée, et dont le nom seul imprimait, un mois auparavant, le respect et la crainte, arriva sous les murs de Luxembourg dans le désarroi d'une déroute complète. 42.000 Prussiens avaient envahi la France au mois d'août ; 20.000 à peine repassaient la frontière ; les autres étaient morts de misère et de besoin dans les boues de la Champagne ou dans les hôpitaux. « J'ai assisté, racontait plus tard le lieutenant général de Lossberg, à la retraite de Russie, mais les soldats prussiens étaient peut-être plus effrayants à voir que ceux de Napoléon. » La plupart des cavaliers marchaient à pied, et le petit nombre de chevaux qui restaient pour traîner l'artillerie et les bagages, le corps efflanqué, les sabots pourris, n'avançaient qu'en boitant. Beaucoup de fantassins avaient jeté leurs armes. Leurs chapeaux de carton avaient pris les aspects les plus étranges. Les gibernes n'étaient plus que d'informes boîtes de cuir, et la poudre qu'elles renfermaient, une pâte mêlée de papier... « On s'est moqué, dit Laukhard, du misérable costume des Volontaires français, mais l'armée prussienne des derniers jours d'octobre 1792 ressemblait à une bande de bohémiens. »

Hipp. Lecomte, pinx.

Reprise de Longwy
(29 octobre 1792).

LA CAMPAGNE DU RHIN

Le 11 septembre 1792, le général d'Erbach quittait Lingenfeld et s'en venait rejoindre le prince de Hohenlohe Kirchberg, chargé de diriger le siège de Thionville : son départ découvrait Spire, Worms, Mayence et le cours inférieur du Rhin ; car il ne restait dans le Palatinat qu'un faible détachement de 5 à 10.000 Autrichiens.

Custine, qui, huit jours auparavant, avait reçu le commandement de la division des Vosges, demanda au général Biron l'autorisation de marcher sur Spire : elle lui fut accordée. Dans la soirée du 29, la petite armée s'ébranla. Le général en chef fit marcher ses troupes ensemble sur la même route jusqu'à la hauteur de l'abbaye d'Heimbach ; là, elles se partagèrent en trois colonnes : celle de droite, sous les ordres du général Munier, ayant Houchard à sa gauche ; le centre, commandé par le général de Blou ; les colonnes de gauche, conduites par Custine et les généraux Neuwinger et Lafarelle.

De Blou n'avait ni cavalerie pour s'éclairer, ni artillerie pour attaquer un ennemi qui en était armé. Notre marche avait été rapide, elle aurait dû être secrète : cependant la garnison de Spire la connaissait ; car, le 30, à neuf heures du matin, lorsque la colonne du centre déboucha la première au coin du moulin de la Vierge, nous trouvâmes les Autrichiens et leurs batteries en position de nous repousser vigoureusement. Le 2e régiment de grenadiers marchait en tête ; il recula. Sa retraite précipitée aurait pu jeter la confusion dans les bataillons qui suivaient ; les officiers coururent en avant, appelant à eux leurs soldats, et les troupes se déployèrent avec beaucoup de hardiesse. Peu de temps après, Houchard et Munier arrivèrent et prirent part à l'action.

La garnison de Spire, formée de 1.300 Hongrois et de 2.500 hommes de troupes mayençaises, sous les ordres du colonel Wickelmann, était en bataille en avant des fossés de la ville et couvrait les portes sur lesquelles se dirigeaient nos colonnes. Protégé par ses batteries extérieures, l'ennemi fit d'abord face partout et garda sa position. Neuwinger occupa avec le 13e de ligne et de l'artillerie un mamelon qui dominait la droite des Autrichiens. Mais nos canonniers avaient peu d'expérience ; ils placèrent leurs pièces beaucoup trop loin, tâtonnèrent à plusieurs reprises pour choisir un emplacement convenable ; de sorte qu'ils avaient dépensé inutilement presque toutes leurs munitions lorsqu'ils arrivèrent enfin à la portée de huit cents mètres de l'ennemi. Les Autrichiens, dès les premiers boulets tombés dans leurs rangs, se retirèrent derrière les murs de Spire, dont ils barricadèrent les portes. Elles furent brisées, et un vif combat s'engagea dans les rues entre l'arrière-garde de Wickelmann et les premières troupes de Neuwinger. Custine fit alors passer en tête de la colonne deux pièces de huit et un obusier, qui décidèrent l'ennemi à la retraite ; il l'effectua en bon ordre par la porte du haut Rhin. Wickelmann et sa garnison croyaient encore pouvoir se sauver et gagner, à la faveur des vignes et des bois, l'île qui se trouve sous Berghausen, où ils avaient rassemblé des bateaux ; mais les bateliers, dès le commencement du combat, avaient fui sur l'autre bord. Le Rhin était l'espoir des Autrichiens : ils y trouvèrent leur perte. En effet, leur colonne, pressée en queue par Neuwinger, chargée à gauche par Munier et Houchard, mit bas les armes à huit heures du soir. Nous prîmes cinq drapeaux, mais pas un canon, l'ennemi ayant eu le temps de jeter son artillerie dans le Rhin. Nos pertes furent de 100 hommes environ, dont 6 officiers.

Le combat de Spire devait produire et produisit à Paris une vive impression : l'enlèvement de cette ville et la destruction complète d'un corps de 4.000 Autrichiens parurent être les résultats d'un de ces rapides mouvements offensifs qui plaisent tant au caractère national. Le gouvernement exalta donc l'importance de ce succès et, lorsque le lieutenant-colonel Champeaux, aide de camp de Custine, vint, le 6 octobre, présenter à la Convention les cinq drapeaux de la garnison de Spire, on lui décerna de grands honneurs. Les députés et les spectateurs des tribunes éclatèrent en applaudissements fréné-

Mlle Banon, pinx.   CUSTINE
Général en chef des armées du Rhin et du Nord.

tiques à la vue des étendards déployés, et l'Assemblée décréta qu'ils seraient suspendus à la voûte de la salle où se tenaient les séances.

Custine rentra dans Spire, où l'armée trouva tout ce qui lui manquait, et envoya Neuwinger vers Worms, dont il lui fut facile de s'emparer, et qui fut condamnée à un lourd tribut de guerre.

Il ne restait plus qu'à marcher sur Mayence. Le 19 octobre, le corps d'armée déboucha en vue de cette ville ; le quartier général fut établi à Marienborn Une de nos colonnes, allant de ce village à Zalbach, marchait à portée du canon de la ville ; les troupes mayençaises, qui garnissaient les ouvrages avancés, firent feu et nous blessèrent quelques hommes. On éleva des batteries d'obusiers qui tirèrent sur le fort du Haupstein et sur le corps de la place ; mais ce n'étaient que des pièces de campagne, et, comme les ouvrages de fortifications qui enveloppaient la principale enceinte de Mayence étaient très étendus, on reconnut promptement l'impossibilité de porter les obus jusque dans la ville. Le commandant du génie, Clemencey, proposa de se servir de boulets rouges ; mais Custine lui répondit en riant qu'il aurait la ville sans se servir de ce moyen incendiaire. En effet, le général en chef comptait intimider la garnison et les habitants en leur faisant croire à la présence d'une armée considérable : en conséquence, il fit exécuter aux troupes des marches et des contre-marches pendant toute la journée et donna à ses camps une extension démesurée. Il avait reçu des indications précises sur les points les plus négligés et les plus faciles à attaquer : nos colonnes s'étaient munies d'échelles, et l'avant-garde avait rassemblé sur le Rhin un grand nombre de bacs et de bateaux. En présence des formidables remparts de Mayence, nos soldats qui, en deux marches de nuit, avaient fait vingt-deux lieues par des chemins détestables et sous une pluie battante, montrèrent néanmoins beaucoup de décision ; car ils avaient pris confiance en leur chef, et les grenadiers de Ruttemberg, campés sur les hauteurs de Gousenheim, demandèrent à monter à l'assaut, promettant à Custine de lui rapporter les clefs de la ville.

Cependant Houchard, qu'on avait envoyé en parlementaire pour sommer la place de se rendre, était revenu à Marienborn avec la réponse du gouverneur, le baron de Gemnich. Ce dernier répondait qu'il défendrait jusqu'à la dernière extrémité la capitale de l'Électeur,

Adam, pinx.

Entrée de l'armée française à Mayence
(22 octobre 1792).

son souverain, et, pour appuyer sa résolution, il ordonna à la garnison de tirer sur nos postes avancés : pendant la nuit, une canonnade s'engagea des deux côtés, et nos patrouilles reçurent de nombreux coups de fusil. Custine, qui savait bien que ce ne serait pas en employant la force qu'il réussirait dans son entreprise, envoya de nouveau Houchard, avec une seconde sommation au gouverneur mayençais et une lettre pour les membres de la régence. Le style menaçant du général en chef, l'éloquence rude et tranchante de notre parlementaire firent impression sur Gimnich, qui convoqua un conseil civil et militaire. La reddition de la place y fut résolue.

A sept heures du soir on vit arriver à Marienborn le major Eickenmayer, porteur d'une lettre écrite à Custine par Gimnich, et muni de pleins pouvoirs pour conclure la capitulation. Custine, de son côté, chargea le maréchal de camp Munier d'entrer en conférence avec l'envoyé mayençais. Après quelques heures de pourparlers, les commissaires réglèrent une convention définitive en huit articles, en vertu de laquelle la garnison devait se retirer à Aschaffenbourg, où l'Électeur s'était réfugié. La nuit précédente, un capitaine autrichien, nommé Andujar, qui n'avait pas été appelé au conseil et qui trouvait honteuse la conduite de Gimnich, s'échappa avec les 1.500 hommes qu'il commandait, traversa le Rhin et se retira par Cassel. Mayence renfermait 7.000 hommes de troupes, 180 bouches à feu et un grand approvisionnement de fers coulés, de munitions et d'armes de toute espèce.

La prise de cette ville fut un sujet d'effroi et de douleur pour les princes allemands. Les uns crièrent à la trahison, les autres à la corruption, tous à la lâcheté du baron Gimnich. Mayence était, en effet, une des clefs de l'empire germanique ; lorsque cette place tomba en notre pouvoir, tous les petits souverains de l'Allemagne, voyant cette barrière renversée, crurent que l'esprit révolutionnaire allait déborder sur leurs États. Il convenait aux intérêts de l'armée d'exploiter cette terreur, et Custine n'hésita pas.

Le jour même de notre entrée dans Mayence, Neuwinger avait passé le Rhin à Oppenheim et s'était porté sur Francfort avec le 13ᵉ de ligne, un bataillon de chasseurs et quatre pièces d'artillerie : en même temps, Houchard, à la tête du 2ᵉ de chasseurs à cheval et du corps de grenadiers, prenait la route qui conduit de Mayence à Francfort par Cassel, Hocheim et Hœchst. Cette ville libre, commerçante, toujours neutre dans les diverses guerres, et bien disposée pour les Français, était facile d'accès ; mais il était difficile de s'y maintenir et, par conséquent, inutile de l'occuper. Cette excursion ne pouvait avoir qu'un but, celui de frapper des contributions, et il n'y avait aucune justice à les imposer à un peuple habituellement neutre, comptant tout au plus par ses vœux, et par ses vœux mêmes méritant la bienveillance de la France, dont il approuvait les principes et souhaitait les succès. Custine commit la faute d'y entrer.

Le 22 au matin, Houchard arrivait avec sa cavalerie devant la porte de Bockenheim : les habitants s'effrayèrent, les magistrats accoururent et demandèrent les motifs de cette invasion subite : Houchard leur donna des raisons plausibles, parlementa et obtint l'autorisation d'acheter des rafraîchissements pour ses troupes. Il put donc gagner du temps sous prétexte de se réunir à l'infanterie qui le suivait et fit admettre dans la ville quelques officiers chargés de s'assurer qu'elle ne renfermait pas d'émigrés français. A trois heures de l'après-midi, Neuwinger parut à la porte de Sachsen-Hausen et demanda qu'on reçût dans la ville ses troupes et l'avant-garde de Houchard. Pour toute réponse, les magistrats revenus de leur sécurité, ordonnèrent de fermer la porte et de lever le pont. Neuwinger mit aussitôt en batterie ses quatre pièces de canon ; cette démonstration fut décisive, et nos deux colonnes entrèrent dans Francfort musique en tête. Houchard fit occuper les rues et les places principales, tandis que Neuwinger allait au Römer et remettait à la régence assemblée une lettre de Custine qui frappait la ville d'une

Hipp. Leconte, pinx.

PRISE DE FRANCFORT-SUR-LE-MEIN
(23 octobre 1792).

contribution de deux millions de florins, ce qui indisposa les habitants, dont il fit des ennemis pour les Français.

Le 26, Houchard s'avança du côté de Giessen, occupé par la brigade du général Cochenhausen, s'empara des richesses salines de Naüheim entre Fritzberg et Butzbach et fit prisonnier le détachement de Hessois chargés de les défendre. Nos troupes légères se répandirent sur la Lahne et mirent à contribution tout le pays de Nassau ; mais la neutralité absolue de Wetzlar fut respectée, et Custine adressa une sauvegarde à cette ville et à la cour impériale dont elle était le siège.

Le 7º bataillon de chasseurs entra, le 27, dans Kœnigstein, qui capitula aux mêmes conditions que Mayence. La garnison sortit avec les honneurs de la guerre et conserva la faculté de se retirer où bon lui semblerait en emmenant une pièce de canon. Kœnigstein, situé à deux lieues de Francfort et à quatre de Mayence, assurait nos communications entre ces deux villes : sa défense fut confiée à 400 volontaires commandés par le capitaine de grenadiers Meynier. Le 31 octobre, Neuwinger laissa dans Francfort une garnison de quatre bataillons et échelonna le reste de sa division à Berghem et à Weilbelle sur la Nidda, afin de soutenir Houchard.

Maître de Mayence, Custine s'y crut invincible. Pour le récompenser de cette conquête qui avait excité au plus haut degré l'enthousiasme des Parisiens, la Convention le nomma général en chef de l'armée du Rhin.

L'active imagination de Custine se laissait entraîner à des chimères : il se persuada que le délabrement de l'armée de Brunswick était tel que, de longtemps, la possession du Palatinat et de la rive droite du Rhin ne nous serait pas disputée ; en conséquence, il fit réunir de grands magasins d'approvisionnements dans les villes ouvertes de Worms et de Frankenthal. Custine croyait garder tranquillement ses conquêtes, prendre ses quartiers d'hiver sur le pays ennemi et continuer à lever de fortes contributions.

A ces projets, il ne manquait que d'être exécutables. En effet, Custine ne pouvait disposer que de 24.000 hommes au plus, quoiqu'il eût dégarni de troupes le département du Bas-Rhin, qu'il n'eût laissé à la hauteur de Frankenthal qu'un seul bataillon, pour couvrir l'intervalle entre Landau et Mayence, et que, dans cette dernière place, il ne restât que 3.000 hommes sous le commandement du général de Wimpffen. Cependant le moment approchait où nous aurions à tenir tête à la grande armée prussienne du duc de Brunswick.

COMBAT DE BOUSSU

Dumouriez était parti pour la Belgique à la fin d'octobre (1792), et, le 25, il se trouvait à Valenciennes. Son plan général fut réglé suivant l'idée qui le dominait, et qui consistait à pousser l'ennemi de front en profitant de la grande supériorité numérique qu'on avait sur lui. Dumouriez aurait pu, en marchant sur la Meuse avec la plus grande partie de ses forces, empêcher la jonction de Clerfayt, qui arrivait de Champagne, prendre le duc Albert à revers et exécuter ainsi ce qu'il avait eu tort de ne pas faire d'abord en négligeant de courir sur le Rhin et de suivre ce fleuve jusqu'à Clèves. Mais son plan était autre, et il préférait à une marche savante une action éclatante qui redoublât le courage de ses soldats, déjà très relevé par la canonnade de Valmy et qui détruisit l'opinion établie en Europe depuis cinquante ans que les Français, excellents pour des coups de main, étaient incapables de gagner une bataille rangée. La supériorité du nombre lui permettait une tentative pareille. Cependant il ne négligea pas de tourner l'ennemi et de le séparer de Clerfayt. Valence, placé à cet effet le long de la Meuse, devait marcher de Givet sur Namur et sur Liège avec l'armée des Ardennes, forte de 18.000 hommes. D'Harville, avec 12.000, avait ordre de se mouvoir entre la grande armée et Valence pour tourner l'ennemi de plus près. Telles étaient les dispositions de Dumouriez à sa droite. A sa gauche, La Bourdonnaye devait, en partant de Lille, parcourir la côte de Flandre et s'emparer de toutes les places maritimes. Arrivé à Anvers, il lui avait été prescrit de longer la frontière hollandaise et de joindre la Meuse à Ruremonde.

La marche de Valence, retardée par une diversion sur Longwy

et par le dénuement de tous les effets militaires qui n'arrivèrent qu'en novembre, permit à Clerfayt de passer sans obstacle du Luxembourg dans la Belgique et de joindre le duc Albert avec 12.000 hommes. Dumouriez, renonçant pour le moment à se servir de Valence, rapprocha de lui la division du général d'Harville et, portant ses troupes entre Quarouble et Quiévrain, se hâta de joindre l'armée ennemie. Le duc Albert, fidèle au système autrichien, avait formé un cordon de Tournai jusqu'à Mons, et, quoiqu'il eût 30.000 hommes, il n'en réunissait guère que 20.000 devant la ville de Mons. Dumouriez, le serrant de près, arriva le 3 novembre devant le moulin de Boussu et ordonna à son avant-garde, commandée par le brave Beurnonville, de chasser l'ennemi posté sur les hauteurs. L'attaque réussit d'abord; mais repoussée ensuite, notre avant-garde fut obligée de se retirer. Dumouriez, sentant combien il importait de ne pas reculer au début, reporta Beurnonville en avant, fit enlever tous les postes ennemis, et le 5 au soir se trouva en présence des Autrichiens retranchés sur les hauteurs qui bordent la ville de Mons.

Dumouriez établit son quartier général dans l'auberge du Grand-Cerf, d'où le général Staray était parti depuis si peu de temps que son souper allait être servi. En s'asseyant à la table qu'on avait préparée pour lui, Dumouriez dit à ses généraux et à son état-major : « Cette journée est si belle qu'elle doit mettre un terme à toutes les incertitudes. Que toute l'armée se mette en mouvement demain à la pointe du jour, et dans deux jours nous livrerons bataille à l'armée autrichienne sur les hauteurs de Mons, et nous la gagnerons. »

En effet, cette bataille fut livrée et gagnée. C'est la bataille de Jemmapes.

Combat de Boussu
(3 novembre 1792).

LA BATAILLE DE JEMMAPES

Le 6 novembre, à l'aube, Dumouriez régla les dernières dispositions de la bataille qui lui livra les Pays-Bas autrichiens. Le premier acte de la journée était la prise de Quaregnon. Toutes les attaques devaient se faire en colonnes par bataillons. La gauche, confiée en l'absence de Miranda à Ferrand, le plus ancien des maréchaux de camp, et, sous lui, à Rosières, et à Blottefière, eut ordre de prendre Quaregnon et de tourner les Impériaux en attaquant l'extrémité droite de Jemmappes. Le centre, dirigé par le duc de Chartres, lieutenant général, et par les maréchaux de camp Stettenhofen, Desforêt et Drouet, avait mission d'enlever de front le village de Jemmapes et de forcer la trouée qui séparait Jemmapes de Cuesmes. Harville était trop loin pour secourir l'armée autrement que par son canon; mais il pouvait jouer un rôle décisif à la fin de l'action. Dumouriez lui prescrivit de suivre les mouvements de la droite en se tenant toujours à sa hauteur, de se porter sur Bertaimont, de déborder ainsi la gauche des Autrichiens. Dès que les Autrichiens auraient commencé leur retraite, Harville tournerait Mons par une marche rapide, gagnerait le mont Panisel et la hauteur de Nimy, couperait ainsi le chemin de Bruxelles aux débris de l'armée vaincue.

La canonnade s'ouvrit de part et d'autre avec vivacité dès sept heures du matin et dura jusqu'à dix heures. Toute l'artillerie française avait filé sur le front de l'armée et croisait ses feux sur les batteries fixes des Autrichiens. Dumouriez parcourut la ligne des troupes. Les soldats se montraient impatients; ils désiraient se mesurer de près avec l'adversaire, et les généraux, le duc de Chartres,

Beurnonville, Dampierre, proposaient de marcher en avant et d'aborder les ennemis à la baïonnette. Mais Dumouriez contenait l'ardeur de ses bataillons pour la rendre plus vive encore, et il attendait la prise de Quaregnon.

Le général avait fixé l'heure de l'attaque à midi, afin de donner à la division du général d'Harville le temps d'arriver de Maubeuge pour agir sur la droite de l'armée. Mais, après une canonnade de trois heures, voyant que le régiment autrichien des dragons de Cobourg descendait au grand trot et paraissait se diriger vers notre artillerie, Dumouriez résolut de ne pas attendre d'Harville et donna l'ordre à toute l'armée d'attaquer immédiatement. Aussitôt le duc de Chartres, qui commandait le centre, rompit sa division en colonnes de bataillons et marcha sur le bois de Flénu, qui couvrait le centre des Autrichiens. Il mit six de ses bataillons en réserve et, avec les dix-huit autres, il culbuta l'infanterie légère autrichienne, qui défendait les abatis, traversa le bois, et arriva sur le plateau. Mais l'infanterie autrichienne, soutenue par l'artillerie des redoutes, qui tirait à mitraille, fit un tel ravage dans la tête des colonnes qu'il devint impossible de les faire déboucher. Elles rentrèrent dans le bois et le traversèrent rapidement dans le plus grand désordre. C'est là que furent frappés le colonel Dubouzet, du 104e régiment de ligne, tué sur place; le général Drouet, qui eut les deux jambes emportées et mourut peu d'heures après; les colonels Dupont de Chaumont et Gustave de Montjoie, qui reçurent des coups de feu. Tout était perdu si les Autrichiens avaient su profiter de cet avantage momentané. Mais leur infanterie resta immobile, et ils se contentèrent de lancer quelques hussards et quelques chasseurs à pied, qui ne parvinrent point à traverser le bois; en sorte que, tandis qu'ils étaient contenus par la résistance des deux bataillons du 83e (Foix), commandés par le colonel Champollon et le lieutenant-colonel Villars; du 98e (Bouillon), colonel Leclerc; du 29e (Dauphin), colonel Laroque, et de quelques autres, le duc de Chartres, formant derrière le bois une chaîne de chasseurs à cheval du 3ᵉ régiment pour arrêter les fuyards, parvint enfin à les rallier. Ce fut alors que, leur adressant quelques-unes de ces paroles si puissantes sur le cœur du soldat, il fit succéder l'enthousiasme à la terreur. Les bataillons s'étaient mêlés; il en fit une colonne à laquelle il donna le nom de bataillon de Mons, y plaça les cinq drapeaux

Monvoisin, *pinx.*
DAMPIERRE
Maréchal de camp.

qu'il tenait dans ses bras et dont les bataillons étaient dispersés; puis, renforcé des six bataillons qu'il avait mis en réserve à l'entrée du bois, il fit de nouveau battre la charge, et ces mêmes soldats que la frayeur venait d'emporter un moment loin du champ d'honneur attaquèrent avec intrépidité l'infanterie autrichienne, qui remplissait l'intervalle des redoutes, y pénétrèrent la baïonnette en avant et s'emparèrent d'une partie de l'artillerie ennemie, que la cavalerie autrichienne s'efforçait vainement de faire rentrer dans Mons. De ce moment la victoire n'est plus douteuse; les prodiges de valeur se multiplient dans nos rangs. A l'aile gauche, le colonel Thouvenot et le général Ferrand, qui eut un cheval tué sous lui; à l'aile droite, Beurnonville et Dampierre; à la tête du 19ᵉ (Flandre), le colonel Depouches et le lieutenant-colonel d'Armenonville, du 71ᵉ (Vivarais), colonel de Baunes, et des bataillons de Paris; Dumouriez qui charge lui-même à la tête d'un escadron; partout enfin les soldats français prodiguent leur sang et leur courage. L'ennemi, chassé de toutes ses positions, abandonne enfin Jemmapes, en le laissant couvert de ses morts et de ses canons.

Le tableau d'Horace Vernet que nous reproduisons est une représentation fidèle de cette mémorable victoire; le paysage, peint d'après nature, est d'une parfaite exactitude. La houillière ou fosse de charbon de terre qui est incendiée, dans le coin droit du tableau, est celle du village de Frameries, devant lequel le spectateur est placé. On voit, dans le fond la ville de Mons, le village de Cuesmes et le village de Quarégnon sur la gauche. Le village de Jemmapes, qui a donné son nom à la bataille, est situé entre Cuesmes et Quarégnon, mais on ne l'aperçoit point, parce qu'il est masqué par la colline sur laquelle l'armée autrichienne était retranchée. Dumouriez, suivi de quelques officiers de l'état-major et d'un groupe d'ordonnances, est sur le premier plan. Il est arrêté dans son mouvement par la rencontre de quelques prisonniers autrichiens qu'on lui présente, et surtout par la vue du général Drouet, blessé, que des soldats portent à l'ambulance.

Parmi les officiers qui suivent le général Dumouriez on remarque Macdonald, qui était alors un de ses aides de camp, et auquel la victoire devait lui donner un titre dans les champs de bataille de l'Italie; Belliard, qui était officier d'état-major, et que la gloire a tant de fois retrouvé sous nos étendards; le duc de Montpensier, qui éta

Bataille de Jemmapes
(6 novembre 1792).

H. Vernet, pinx.

lieutenant-colonel, adjudant général. Près du chirurgien qui rend compte au général Dumouriez de la blessure du général Drouet, un jeune guerrier attire l'attention par l'élégance de son uniforme, la grâce de sa figure et la douceur de ses regards : c'est la jeune Fernig, qui, en compagnie de sa sœur, avait osé, malgré la délicatesse de son sexe, affronter les périls des combats.

On voit sur un plan plus éloigné l'attaque de la gauche de l'armée autrichienne par l'avant-garde française, sous les ordres du lieutenant général Beurnonville et du maréchal de camp Dampierre. Les Dragons de Cobourg, après avoir été repoussés par l'infanterie française sont chargés par le premier régiment de hussards (Berchiny), qui prit la redoute qu'on voit devant lui.

On aperçoit dans le lointain la division du duc de Chartres attaquant le bois de Flénu, et plus loin encore quelques bataillons de celle du général Ferrand se portant sur l'extrême droite des Autrichiens.

Les demoiselles Fernig, dont nous citons les noms ci-dessus, méritent une mention toute spéciale. Nous en empruntons les détails à M. Arthur Chuquet.

Filles d'un secrétaire de la municipalité de Mortagne, Théophile et Félicité Fernig étaient d'une taille assez petite et de constitution délicate. Elles avaient les yeux et les cheveux noirs, le nez bien formé, un teint frais, une physionomie à la fois douce et hardie, avec un air de noblesse qui inspirait le respect. Elles conservèrent dans les camps les vertus de leur sexe. Bien élevées et modestes, rapporte Dumouriez, elles se sont montrées encore plus extraordinaires par leur pudeur que par leur courage, et les commissaires de la Convention écrivaient qu' « au milieu de l'armée composée de jeunes citoyens elles étaient respectées et honorées ».

Accoutumées dès leur enfance à monter à cheval, à faire de longues marches, à franchir de larges ruisseaux, à tirer de l'arc et à manier le fusil, les deux sœurs étaient préparées à supporter les fatigues de la guerre. Dès le 29 avril 1792, au bruit de la canonnade de Mons, elles se rendirent à Valenciennes sous un costume d'homme pour recueillir des nouvelles. Au mois de mai elles quittaient leurs habits de femme qu'elles ne devaient reprendre que deux ans plus tard, et revêtaient une sorte de caraco auquel pendaient cinq à six grosses houppes de laines aux couleurs nationales. Elles se joignirent d'abord aux paysans qui repoussaient les incursions des partis autrichiens. Un jour, au milieu d'un bal sur la place de Flines, on apprit l'approche des maraudeurs ennemis; les danseurs s'armèrent aussitôt de fléaux, de pioches, de fusils et, conduits par Théophile et Félicité, se mirent à la poursuite des Impériaux. Bientôt les demoiselles Fernig se mirent en volontaires, et avec l'approbation des généraux se joignirent aux troupes du camp de Maulde, situé à peu de distance de Mortagne. Elles combattaient toujours au premier rang, et leur patriotisme, écrivait-on de Lille au *Moniteur*, a produit un enthousiasme que des patriotes seuls peuvent imaginer. Elles étaient à l'embuscade du 26 avril dressée par Beurnonville au village de Flines, et le général mandait à Couthon que « les demoiselles Fernig, qui aimaient la danse aux baïonnettes, avaient tué ou blessé leur bonne part d'Autrichiens et repoussé l'ennemi jusqu'à l'entrée des bois ». Dumouriez, toujours avisé, citait les deux sœurs à ses soldats comme un modèle de bravoure et les menait avec lui dans les circonstances les plus importantes.

Elles devaient, après la première campagne de 1792, le suivre en Belgique et combattre sous ses ordres à Jemmapes, puis à Anderlecht, où le général les nomma d'intrépides guerrières, à Maëstricht, à Tongres. Elles rallièrent à la déroute de Nerwinde les troupes commandées par Chancel et mirent le sabre au clair pour arrêter les fuyards. Un d'eux en se retournant menaçait Théophile de sa baïonnette : « Frappe, lui dit-elle, frappe, si tu l'oses, une femme qui te rappelle à l'honneur. » Chancel, les larmes aux yeux, remerciait

Entrée de l'armée française a Mons
(7 novembre 1792).

les héroïques jeunes filles d'avoir ramené les soldats à leurs rangs.

Cependant la maison des Fernig à Mortagne avait été brûlée par les Autrichiens. La Convention décida qu'elle serait reconstruite aux frais du Trésor public. Ce décret ne fut pas exécuté, mais le département du Nord donna à la famille Fernig une maison toute bâtie à Bruay, près de Valenciennes.

Lorsqu'eut lieu la défection de Dumouriez, Théophile et Félicité ne se séparèrent pas du général : « Savions-nous, disaient-elles, ce que c'était qu'une faction ? Dumouriez nous assurait qu'il voulait rendre la liberté à la France ; accoutumées à lui obéir, à le respecter (il nous appelait ses enfants et nous avait adoptées), nous croyions à ses paroles. Ignorantes des manœuvres politiques, notre erreur était excusable. » Mais, lorsqu'elles virent leurs camarades les accueillir d'un air sombre et méfiant, lorsqu'elles furent assaillies à coups de feu par leurs compagnons d'armes, elles devinèrent la vérité ; elles remirent à Dumouriez leur démission.

Leur vie d'exil fut admirable ; elles reprirent les vêtements de leur sexe et gagnèrent courageusement leur vie. Félicité tint à Bruxelles un bureau de loterie ; Théophile vendit des objets de toilette dans les foires de Belgique ; mais son cœur battait encore à la nouvelle des prouesses françaises en Italie, et elle demandait à son cousin un portrait ressemblant de Bonaparte et de ses lieutenants.

Lorsque, après avoir chassé l'armée autrichienne des hauteurs de Jemmapes, l'armée française secourut la ville de Mons, un cri général retentit aussitôt dans tous les rangs, pour demander l'assaut. Dumouriez se crut obligé de résister à cette noble ardeur, et il eut raison, car l'assaut n'aurait eu aucune chance de succès. Cependant il fit sommer la place dans la soirée.

Les derniers Autrichiens quittèrent Mons le lendemain, sans avoir fait réponse aux sommations de Dumouriez. A peine s'étaient-ils éloignés, que les Montois, brisaient les portes et se précipitaient hors des murs. Ils appelaient les Français, les embrassaient, les entraînaient dans la ville au milieu des acclamations. La cocarde tricolore fut arborée. Les magistrats offrirent à Dumouriez les clefs de la cité ; il posa les mains dessus, et dit : « Nous venons, comme frères et amis, pour vous engager à fermer vos portes à vos anciens oppresseurs et à défendre la liberté que nous vous avons conquise. » Le soir, au théâtre, quand il parut dans sa loge, les Montois crièrent : « Vive la République Française ! Vive le brave Dumouriez ! Vivent les sauveurs des Belges ! »

COMBAT D'ANDERLECHT

La victoire de Jemmapes remplit en un instant la France de joie, et l'Europe d'une nouvelle surprise. Il fut question partout de cette artillerie bravée avec tant de sang-froid, de ces redoutes escaladées avec tant d'audace ; on exagéra même le péril et la victoire, et, par toute l'Europe, la faculté de remporter de grandes batailles fut de nouveau reconnue aux Français.

On exaltait les talents du général victorieux, on vendait son portrait dans les rues de Paris, et le ministre des Affaires étrangères, Le Brun, donnait à la fille qui lui naissait les prénoms de Jemmapes-Dumouriez. Tous les journaux louaient l'héroïsme des soldats et particulièrement du vétéran Jolibois. Ce Jolibois avait appris la fuite de son fils, volontaire du 1ᵉʳ bataillon de Paris. Il arriva dans la matinée de 6 novembre au camp français et prit aussitôt la place du déserteur. « O mon fils, s'écriait-il pendant l'action, est-il possible qu'un si beau jour soit souillé par le souvenir de ta lâcheté ! » A la fin de la journée, ses compagnons le présentèrent à Dampierre. Le général se jeta dans les bras de Jolibois en versant des larmes d'admiration et demanda pour ce brave vétéran un brevet d'officier. Mais, aux yeux du Peuple, les héros de la journée étaient Baptiste Renard et Bertèche. Baptiste, le domestique de Dumouriez, avait rallié la brigade Drouet qui fuyait et ne demandait d'autre récompense que l'honneur de porter l'uniforme national ; la Convention décréta qu'il serait armé, monté, équipé aux frais de la Nation et employé comme capitaine dans l'armée de Dumouriez. Le sedanais Bertèche, dit la Bretèche, avait, assurait-on, tué sept dragons de Cobourg et sauvé la vie à Beurnonville : mais, à l'instant où il retirait avec peine son épée qu'il avait enfoncée jusqu'à la garde dans le corps d'un dragon, il recevait, outre quarante et un coups de sabre, un coup de feu qui le blessait au bras et l'abattait sous son cheval. Le 6 mars 1793, Bertèche paraissait devant la Convention, qui lui décernait une couronne de chêne et un sabre d'honneur.

Dumouriez était entré à Mons, le 7 novembre. L'impétuosité de son caractère, portée jusqu'à l'imprudence, ne permet pas de supposer qu'il y fût demeuré jusqu'au 11 et qu'il eût laissé le duc de Saxe-Teschen se retirer tranquillement, si des soins d'administration ne l'eussent retenu malgré lui. Tout lui manquait, en effet ; il lui fallait des vêtements pour ses soldats à moitié nus, des vivres, des chevaux, etc..., etc.

Quand il eut réglé tous ces détails relatifs à l'entretien de ses troupes, Dumouriez s'occupa d'accélérer la marche de Labourdonnaye. Ce général, après s'être obstiné à demeurer en arrière, n'était entré à Tournai que fort tard. Dumouriez lui ordonna de marcher rapidement sur Gand et l'Escaut, pour se rendre à Anvers, et achever ensuite le circuit jusqu'à la Meuse. Valence, enfin arrivé en ligne après des retards involontaires, eut ordre d'être le 13 ou le 14 à Nivelles.

Le 11, Dumouriez partit de Mons. Le 12, l'arrière-garde de Saxe-Teschen, forte de 5.000 hommes, occupait les hauteurs d'Anderlecht. Dumouriez, qui s'était mis à la tête de son avant-garde, attaqua les Autrichiens sans balancer. Son audace faillit lui coûter cher ; ses adversaires avaient la supériorité du nombre. Mais il étendit ses troupes en avant de la chaussée, sur un très grand front, et ouvrit une violente canonnade qui dura près de six heures. Des renforts finirent par arriver. Le village d'Anderlecht fut emporté, et les habitants reçurent les Français, selon le mot de Dumouriez, comme des dieux bienfaisants.

Combat d'Anderlecht
(12 novembre 1792).

COMBAT DE WAROUX

Bruxelles est à quatre kilomètres d'Anderlecht, et, dès le 13 novembre, les soldats voyaient devant eux ses remparts plantés de vieux arbres et couronnés de moulins la masse lourde et noire de la porte de Hal, les tours de Sainte-Gudule, le clocher de l'hôtel de ville, dont la pointe supportait un colossal saint Michel terrassant un dragon.

Dumouriez envoya Westermann sommer le maréchal Bender de lui livrer la ville. Bender ouvrit les portes, et, le 14 novembre, nos troupes, saluées des acclamations de « Vivent les Français ! » entrèrent dans la ville au bruit du canon des remparts et des cloches qui sonnaient à pleine volée.

Tandis qu'il s'y voyait arrêté de nouveau par des embarras administratifs, n'ayant ni numéraire ni aucune des ressources nécessaires à l'entretien de ses troupes, il prit soin d'envoyer à Malines une avant-garde commandée par Stengel. Le 16 novembre, la ville se rendait à discrétion, et les troupes françaises traversaient ses larges rues bordées de maisons blanches au pignon pointu. Stengel prit aussitôt possession de l'arsenal, de la fonderie et des magasins ; il y trouva 1.300.000 livres de poudre, un million de cartouches, des canons et des fusils en grand nombre. La fonderie était superbe, et Dumouriez la regardait comme une ressource indispensable pour la réparation de l'artillerie française et la fabrication des armes qu'il donnerait aux bataillons belges.

L'ennemi avait d'abord songé à se retirer derrière le canal de Vilvorden et à se tenir en relation avec Anvers. Il commettait ainsi la même faute que Dumouriez, en cherchant à se rapprocher de l'Escaut, au lieu de courir sur la Meuse, comme ils auraient dû le faire tous deux, l'un pour se retirer, l'autre pour empêcher la retraite. Enfin, Clerfayt, qui avait pris le commandement, sentit la nécessité de repasser promptement la Meuse et d'abandonner Anvers à son sort. Dumouriez reporta alors Valence de Nivelles sur Namur, pour en faire le siège.

Il partit lui-même de Bruxelles, le 19 novembre; le 20, il traversa Louvain encore entouré d'un vieux mur de briques. Le lendemain, il rencontrait l'armée impériale forte encore de 18.500 hommes, campée derrière Tirlemont; il lui tua 3 ou 400 hommes dans un vif et long combat d'artillerie.

Clerfayt se retira sur Liège; Dumouriez l'y suivit. Staray, qui commandait l'arrière-garde ennemie, avait élevé, près du village de Warroux, de bonnes redoutes garnies de canons. Dumouriez conçut le plan de le rejeter sur Liège et de l'y cerner. Mais son attaque fut molle et trop circonspecte; l'action demeura indécise, et l'ennemi ne se retira que lorsqu'il vit l'armée française se déployer. Dampierre exécuta plusieurs charges brillantes de cavalerie. Mais Dumouriez reconnaît que l'honneur de la journée revient tout entier à Staray, qui reçut une grave blessure. « La défense des Impériaux, écrit-il, était mieux entendue et plus vigoureuse ; ils avaient une artillerie plus nombreuse et plus forte que dans les combats précédents; leurs batteries de grosses pièces, très bien disposées et parfaitement serrées, eurent une grande supériorité sur les nôtres. »

Le 28 novembre, Dumouriez entrait dans Liège et allait loger au palais du prince évêque. « Je suis dans la ville, écrivait-il, depuis neuf heures du matin, et il m'est impossible de peindre l'ivresse de ce brave peuple et l'accueil qu'il a fait à nos troupes. » Il comparait Liège à la France ; c'était une seconde nation française ; les idées républicaines y avaient, ajoutait-il, le même caractère d'énergie et de raison

Victor Adam, pinx.

Combat de Waroux
(27 novembre 1792).

SIÈGE DE NAMUR

Pendant les opérations militaires dont l'est de la Belgique était le théâtre, le corps commandé par le général Labourdonnaye avait reçu l'ordre de traverser la partie occidentale pour aller former le siège d'Anvers. Labourdonnaye envoya d'abord en avant les généraux Lamarlière et Champmorin à la tête de l'avant-garde et de 3.000 gendarmes. Ces deux généraux arrivèrent le 28 novembre à quelques heures de distance, le premier par la rive droite, le second par la rive gauche de l'Escaut. Le général Lamarlière, qui se trouva le premier au rendez-vous, fit prévenir de suite les magistrats d'Anvers de la présence des Français devant leur ville. A cette époque, la presque totalité des Belges, fatigués du joug autrichien, regardaient les Français comme des libérateurs, et les habitants d'Anvers le prouvèrent dans cette circonstance, en ouvrant leurs portes au général Lamarlière et le recevant avec empressement dans la ville. Les Autrichiens s'étaient déjà renfermés dans la citadelle et paraissaient décidés à opposer une forte résistance.

Le général Labourdonnaye arriva bientôt lui-même avec le reste de ses troupes, formant à peu près 12.000 hommes, mais il fut bientôt remplacé dans son commandement par le général Miranda. Les travaux de siège devaient être dirigés par les officiers de génie Dejean et Marescot. L'artillerie était commandée par le capitaine Sénarmont, sous les ordres du général Guiscard. Les travaux offraient de grandes difficultés. L'armée de siège n'était pas familiarisée avec ce genre d'exercice. La pénurie des ingénieurs était telle qu'on fut obligé de prendre des officiers d'infanterie pour diriger les travailleurs. Le sol, d'ailleurs, se refusait à ce qu'on donnât aux tranchées la profondeur nécessaire. On ne pouvait creuser à plus de deux pieds sans trouver l'eau, et on fut obligé de racheter sur la largeur le déblai destiné à former les parapets. Cependant l'ardeur des soldats français surmonta ces obstacles ; les ouvrages se trouvèrent terminés le 28 novembre. Les batteries commencèrent aussitôt à faire jouer leur feu. Par un hasard singulier, le premier boulet lancé emporta la table du gouverneur au moment où celui-ci allait s'y placer pour dîner. Les assiégés inquiétaient et troublaient les travaux par un feu continuel, mais celui des Français fut si bien nourri et si bien dirigé qu'au bout de quelques heures il alluma un violent incendie dans la citadelle. Deux corps de casernes et la moitié de l'arsenal devinrent la proie des flammes. Le gouverneur de la place, effrayé de ces ravages, envoya le capitaine Devaux demander une capitulation. Elle fut conclue le lendemain 29, et le même jour la garnison, forte de 1.100 hommes, sortit de la place avec les honneurs de la guerre et la permission de se retirer au quartier général du duc de Saxe-Teschen. 102 canons, 67 obusiers, 1.300 fusils et d'abondantes munitions de guerre de tout genre tombèrent entre les mains des Français.

Les deux généraux autrichiens Schrœder et Beaulieu, s'étant retirés après le combat de Bois-d'Asche, Valence, dès le lendemain 19 novembre, s'approcha de Namur pour en former le siège. Quelques volées de canon suffirent pour engager les habitants à ouvrir leurs portes. La garnison autrichienne, forte de 6.000 hommes, se jette dans la citadelle, décidée à se défendre courageusement. Cependant le 20 novembre, Valence la fait sommer de se rendre, mais son commandant Moitelle répond qu'il connaît son devoir, qu'il saura garder la forteresse qui lui est confiée. Valence n'avait point avec lui d'artillerie de siège : il est obligé d'en faire venir ; elle n'arrive qu'à force de bras à travers les montagnes. Les batteries sont dressées et foudroient la place avec une infatigable activité. Secondé par la valeur des soldats qu'il commande, le général donne plusieurs assauts et parvient à s'emparer des forts le Camus et la Cassate. De leur côté

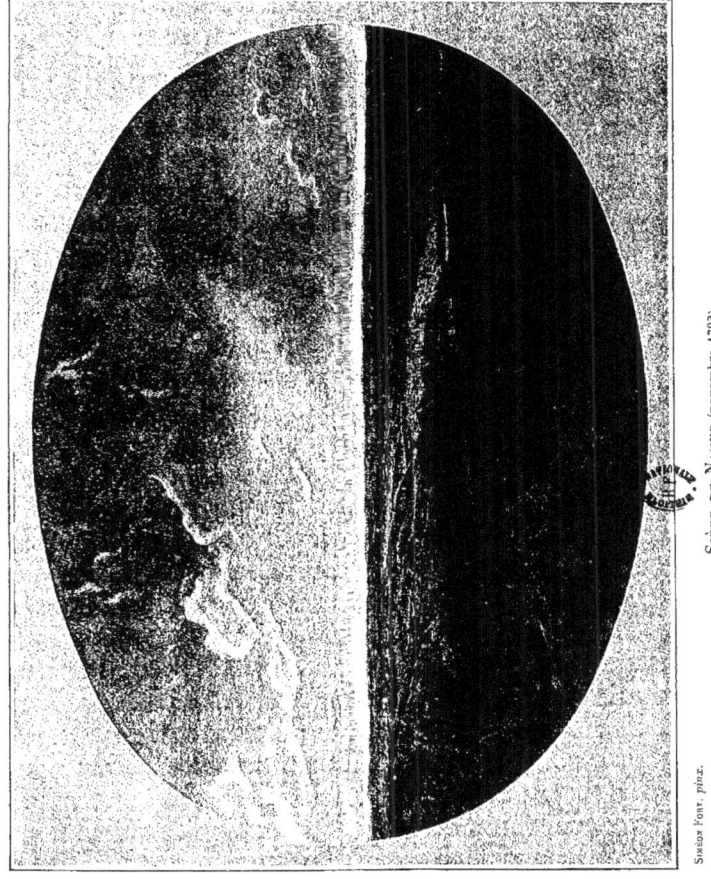

Siège de Namur (novembre 1792).
INVESTISSEMENT DE LA PLACE.

Siméon Fort, pinx.

les Autrichiens faisaient un feu terrible; mais, malgré les décharges multipliées de la redoutable artillerie qui garnissait les remparts, les travaux de siège furent poussés avec tant de vigueur que, le 29 novembre, la tranchée était ouverte et déjà les boulets et les bombes écrasaient la citadelle. On savait que le fort Villate, qui défend le château, avait sous ses glacis des fourneaux préparés en cas de vive force pour faire sauter les assiégeants. Le général Leveneur, qui commandait sous les ordres de Valence, conçoit le projet hardi de s'en emparer en surprenant la garnison et tournant le fort par sa gorge. Entre cette gorge et la citadelle, il y avait une caponnière au chemin de communication, garnie de palissades et de parapets, à travers lesquels on arrive au fort par deux voûtes dont une seule était gardée. A minuit, le 30 novembre, le général Leveneur sort de la tranchée à la tête de 1.200 hommes déterminés. Conduits par un déserteur autrichien, les Français franchissent les palissades dans le plus grand silence. Ils marchent à la première voûte, qui se trouve, en effet, déserte. A la seconde, les sentinelles crient et font feu. Au même instant Leveneur, qui ne pouvait franchir la palissade, dit à un officier très grand et très fort qui se trouvait à côté de lui : « Jetez-moi par dessus. » L'officier le lance en effet de l'autre côté de la barrière et s'y précipite après lui. Plusieurs grenadiers s'empressent d'imiter leur général. Leveneur atteint le commandant du poste, qui cherche à rassembler son monde : « Conduis-moi à tes mines », lui crie-t-il d'une voix terrible et en lui appuyant son épée sur la poitrine. L'Autrichien hésite et balbutie quelques mots. Leveneur lui répète son ordre en le pressant davantage : l'officier se décide à marcher. Le général arrache lui-même les mèches, les éteint et s'empare du fort Villate.

Pendant cette action intrépide, le feu de la ligne assiégeante redoublait; vingt-quatre canons placés en batterie, produisent un effet si meurtrier que le commandant Moitelle, désespérant de s'y défendre plus longtemps, demande à se rendre, et le 2 décembre il conclut avec le général français une capitulation par laquelle il est convenu que la garnison tout entière sortira avec les honneurs de la guerre, mais restera prisonnière et sera dirigée dans l'intérieur de la France. Deux bataillons du superbe régiment autrichien Kinski et un de celui de Vierzet en faisaient partie. Valence s'empressa d'envoyer à la Convention les huit drapeaux déposés sur les glacis de Namur. Ils furent les premiers dont on fit hommage au gouvernement républicain.

Un mois avait suffi pour conquérir la Belgique, à l'exception du Luxembourg et de la ville de Herve. Un moment, le Conseil exécutif eut alors l'idée d'attaquer la Hollande et de renverser le gouvernement du Stathouder, détesté par une partie de la nation. Dumouriez entrait assez dans ces vues, et il eut, en peu de temps, dressé son plan d'invasion. Mais, à la réflexion, on craignit une guerre avec l'Angleterre, et il fut décidé que la neutralité des Provinces-Unies serait scrupuleusement respectée.

Valence ne marcha pas sur Arlon et Luxembourg, à cause des mauvais chemins et du défaut de subsistances ; mais il eut ordre de se rendre à Cologne, pour remonter ensuite à Bonn et à Andernach ; Miranda devait se diriger de Ruremonde sur Clèves, Dumouriez se porter sur Dusseldorf, Harville menacer Luxembourg.

Le 11 décembre, les colonels Frégeville et Fournier, partis de Theux et de Spa, chassaient les Autrichiens de Verviers, après un combat acharné. Le lendemain, Stengel occupait Herve, et le 15, tandis que Clerfayt se retirait derrière la Roër, Desforest entrait à Aix-la-Chapelle, Lamarlière envahissait la Gueldre prussienne et le duché de Clèves, où il levait de légères contributions.

Boulanger, pinx.

Siège et prise des châteaux de Namur
(2 décembre 1792).

PRISE DE BRÉDA

La campagne générale de 1793 fut des plus mouvementées : brillants succès et désastres se balancèrent sur presque tous nos nombreux théâtres d'opérations.

La situation de la France à l'égard de l'Europe était effrayante. Jusqu'ici elle n'avait eu encore que trois ennemis déclarés, le Piémont, l'Autriche et la Prusse. La Révolution, partout approuvée des peuples selon le degré de leurs lumières, partout odieuse aux gouvernements selon le degré de leurs craintes, venait cependant de produire des sensations toutes nouvelles sur l'opinion du monde par les terribles événements du 10 août, les massacres des 2 et 3 septembre 1792 et la mort de Louis XVI au 21 janvier 1793.

Les hostilités allaient donc devenir générales. L'Angleterre, qui se souvenait de la guerre d'Amérique, entra en scène le 1ᵉʳ février 1793. Son ministre Pitt se fit l'âme et le caissier de la coalition.

La guerre ayant été déclarée à l'Angleterre le 1ᵉʳ février 1793 par le Gouvernement français, il fut aussitôt arrêté que la neutralité de la Hollande cesserait d'être respectée. On savait que le Gouvernement britannique ne manquerait pas de s'appuyer sur cette République, son alliée, et on résolut de le prévenir. Le siège de Maëstricht fut décidé, en même temps qu'une invasion au cœur du pays. Dumouriez, qui avait conçu ce plan, fut chargé de l'exécuter. Le moment était pressant : la coalition qui venait de se former contre la France était la plus formidable qu'elle eût jamais eue à combattre. Il ne restait de puissances neutres que la Suède, le Danemark, la Porte Ottomane, la Suisse et les Républiques de Venise et de Gênes. La France allait donc être attaquée à la fois au midi par les armées espagnoles et portugaises ; sur les Alpes par celles de l'Autriche et des puissances italiennes et sur toute la frontière, depuis Huningue jusqu'à la mer, par les armées autrichiennes, prussiennes, anglaises, hollandaises, réunies à toutes les forces de l'Empire germanique.

La Russie n'envoyait pas encore ses soldats, mais elle était entrée dans la coalition et devait prendre part à la guerre si ses secours devenaient nécessaires. Ce n'était pas trop de toute la puissance et de tout le courage de la France pour tenir tête à tant et de si redoutables ennemis.

Toutes les forces françaises dans la Belgique étaient alors en cantonnements sur la Meuse et derrière la Roër. Le général Miranda fut chargé du siège de Maëstricht avec les divisions du duc de Chartres sur la rive gauche et du général Leveneur sur la rive droite de la Meuse, tandis que les généraux Valence et Lanoue étaient chargés de le couvrir. Dumouriez devait commander en personne les opérations contre la Hollande. Il arriva le 10 février 1793 à Anvers. Il n'y trouva aucune des ressources qui lui étaient nécessaires : ni artillerie, ni munitions, ni magasins, rien enfin de ce que réclament les besoins d'une armée. Le corps de troupes qu'il parvint à y réunir était à peine de 15.000 hommes Cependant il n'hésita pas à se porter en avant, et ce fut avec cette faible armée qu'il alla audacieusement attaquer Bréda et qu'il en commença le bombardement. Tel était le dénûment de sa petite armée que, le 24 février, à la pointe du jour, le général d'Arçon, qui dirigeait le siège, vint l'avertir que, si on ne ralentissait pas le feu, il manquerait de munitions à deux heures. « Tirez toujours, lui répond Dumouriez, et surtout ne diminuez pas le feu, car ce serait avertir les Hollandais que nous allons être obligés de cesser. » Cette résolution eut un plein succès. A onze heures, le général hollandais, comte de Byland, envoya un parlementaire demander à capituler. Aussitôt Dumouriez donna pompeusement l'ordre de cesser le feu ; la capitulation fut signée ; à deux heures les grenadiers français prenaient possession des portes de la ville. Bréda était pris et Dumouriez y trouvait une artillerie immense, un arsenal bien approvisionné et les moyens de continuer la grande entreprise qu'il avait commencée avec tant de courage et de résolution.

Hip. Lecomte, pinx.

Prise de Bréda
(24 février 1793).

PRISE DE GERTRUYDENBERG

D'Arçon, maître de Bréda, se dirigea sans retard sur Gertruydenberg. La place était défendue, sur la rive gauche de la Douge, par l'inondation et par les forts extérieurs. Elle avait une belle et solide garnison composée du régiment d'infanterie de Hirzel et du régiment de dragons qui formait la garde du Stathouder. Mais le gouverneur, nommé Bedeault, octogénaire faible et incapable, n'osa résister. Le 1er mars, un des forts extérieurs, celui de Steelhoven, était évacué : d'Arçon y transporta les deux mortiers de 10 et un obusier de 8. Le lendemain, un deuxième fort était abandonné. D'Arçon y transporta les deux mortiers du premier fort et quatre autres mortiers du calibre 7 1/2, tirés de l'arsenal de Bréda ; trois de ces mortiers hollandais avaient des affûts qui ne purent supporter les charges ; mais d'Arçon les remplaça par deux pièces de 12 et un canon de 24, qui tira sur la ville à boulets rouges.

Le 4 mars, un troisième fort était évacué, et de ce point un obusier de 8 et un mortier de 7 1/2 le seul qui fût en état de servir, enfilaient et foudroyaient une des plus longues rues de Gertruydenberg. Une bombe tomba dans la maison du gouverneur. Quelques instants plus tard, Devaux se présentait en parlementaire. Bedeault signa la capitulation et obtint, comme Byland à Bréda, les honneurs de la guerre. Il laissait entre les mains des Français : 150 bouches à feu, 200 milliers de poudre, 2.500 fusils, une grande quantité de bombes et de boulets et 30 bâtiments de transport. « La prise de Gertruydenberg, écrivait La Martillière au ministre, ne tient pas moins du merveilleux que la reddition de Bréda. Pas un artilleur n'avait péri. »

Dumouriez alla dîner chez Bedeault. Pendant le repas, on l'avertit qu'un lieutenant-colonel de volontaires, pris de boisson, voulait entrer dans la ville, malgré les gardes, et qu'il menaçait de son pistolet le commandant du régiment de Hirzel. Le général fit amener le lieutenant-colonel, lui arracha son épaulette devant les officiers hollandais et le condamna à servir désormais comme simple soldat dans son propre bataillon. C'est ainsi qu'à Bréda il avait fait élever une potence sur la place du marché pour « punir aussitôt ceux qui déshonoreraient le nom français par des violences et des crimes ».

Pendant que la division de droite prenait Gertruydenberg et Bréda, l'avant-garde de Berneron s'emparait de Klundert; c'était un petit fort régulier, situé dans une plaine inondée. Le gouverneur, le capitaine de Kropf, commandait à 150 hommes. Berneron établit une batterie de 4 canons et des mortiers derrière la ligne d'inondation, à 150 toises du fort. Bientôt Klundert fut en flammes. Kropf, désespérant de prolonger la résistance, encloua ses pièces et tenta pendant la nuit de gagner Willemstadt. Les soldats de la légion Batave le poursuivirent. Kropf brûla la cervelle à leur lieutenant-colonel Haarman, mais fut tué sur-le-champ par le capitaine Boogmans; il avait dans sa poche les clefs de la place. Sa troupe, réduite à 73 hommes, se rendit prisonnière. 54 canons, 2 mortiers, 18 milliers de poudre, une grande quantité de bombes et de mortiers tombèrent au pouvoir de Berneron.

Klundert, Gertruydenberg, Bréda assuraient les derrières de Dumouriez. Il accablait les Hollandais par leurs canons mêmes, et, comme il disait, prenait dans chaque ville de quoi prendre la ville suivante. Il recevait même des renforts. Charles de Flers lui amenait une colonne de 6.000 hommes tirée des garnisons de la Belgique, et relevait devant Berg-op-Zoom et Steenbergen la division de gauche, qui s'établissait à Oudenboch et à Zevenbergen. La population faisait aux Français un accueil cordial et leur fournissait gratuitement des vivres. Les paysans de la baronnie de Bréda les recevaient comme des frères : des citoyennes de la ville de Bréda et, à leur tête, la femme du bourgmestre, offraient à Dumouriez le bonnet de la liberté.

Hip. Lecomte, pinx.

Prise de Gertruydenberg
(5 mars 1793).

COMBAT DE TIRLEMONT
ET DE GOIDSENHOVEN

Dumouriez, campé sur les bords de Bielbos, méditait un débarquement hasardeux, mais possible, en Hollande, lorsque, dans les premiers jours de mars, le prince de Cobourg passa la Roër et s'avança par Duren et Aldenhoven sur Aix-a-Chapelle. Nos troupes, attaquées subitement, se retirèrent en désordre sur Aix-la-Chapelle et en abandonnèrent même les portes à l'ennemi. Miaczinski résista quelque temps; mais, après un combat assez meurtrier dans les rues de la ville, il fut obligé de céder et de faire retraite vers Liège. Dans ce moment, Stengel et Neuilly, séparés par ce mouvement, étaient rejetés dans le Limbourg. Miranda, qui assiégeait Maëstricht et qui pouvait être isolé du principal corps d'armée retiré à Liège, abandonna même la rive gauche et se retira sur Tongres. Les Impériaux rentrèrent aussitôt dans Maëstricht, et l'archiduc Charles, poussant hardiment les poursuites au-delà de la Meuse, se porta jusqu'à Tongres et y obtint un avantage. Alors Valence, Dampierre, Miaczinski, réunis à Liège, pensèrent qu'il fallait se hâter de rejoindre Miranda et marchèrent sur Saint-Tron, où Miranda se rendait de son côté. La retraite fut si précipitée qu'on perdit une partie du matériel. Cependant, après de grands dangers, on parvint à rejoindre Saint-Tron; Lamarlière et Champmorin, placés à Ruremonde, eurent le temps de se rendre par Dietz au même point. Stengel et Neuilly tout à fait séparés de l'armée et rejetés vers le Limbourg, furent recueillis à Namur par la division du général d'Harville. Enfin ralliées a Tirlemont, nos troupes reprirent un peu de calme et attendirent l'arrivée de Dumouriez, qu'on redemandait à grands cris.

A peine avait-il appris cette première déroute qu'il avait ordonné à Miranda de rallier tout son monde à Maëstricht et d'en continuer tranquillement le siège avec 70.000 hommes. Il était persuadé que les Autrichiens n'oseraient pas livrer bataille et que l'invasion de la Hollande ramènerait bientôt les coalisés en arrière.

Les commissaires de la Convention firent intimer à Dumouriez l'ordre de laisser à un autre l'expédition tentée sur la Hollande et de revenir au plus tôt se mettre à la tête de la Grande Armée de la Meuse. Il reçut cet ordre le 8 mars et partit le 9, avec la douleur de voir ses projets renversés.

Dumouriez rallia son armée en avant de Louvain, ramena ses colonnes dispersées, jeta un corps vers sa droite pour garder la Campine et pour lier ses opérations avec les derrières de l'armée hasardée en Hollande. Aussitôt après, il se décida à reprendre l'offensive pour rendre la confiance à ses soldats. Le prince de Cobourg, après s'être emparé du cours de la Meuse, depuis Liège jusqu'à Maëstricht et s'être porté au delà jusqu'à Saint-Tron, avait fait occuper Tirlemont par un corps avancé. Dumouriez fit reprendre cette ville ; et, voyant que l'ennemi n'avait pas songé à garder la position importante de Goidsenhoven, laquelle domine tout le terrain entre les deux Gettes, il y dirigea quelques bataillons qui s'y établirent sans difficulté. Le lendemain, 16 mars, l'ennemi voulut recouvrer cette position perdue et l'attaqua avec une grande vigueur. Dumouriez, qui s'y attendait, la fit soutenir et s'attacha à ranimer ses troupes par ce combat. Les Impériaux, repoussés après avoir perdu 7 à 800 hommes, repassèrent la petite Gette et allèrent se poster entre les villages de Néerlanden, Lauden, Nerwinde, Overwinden et Racoux.

Les Français, encouragés par cet avantage, se placèrent de leur côté en avant de Tirlemont, et dans plusieurs villages situés à la gauche de la petite Gette, devenue la ligne de séparation des deux armées.

Jouy, pinx.
COMBAT DE TIRLEMONT ET DE GOIDSENHOVEN
(16 mars 1793).

BATAILLE DE HONDSCHOOTE

Dumouriez revint en arrière. A son tour il subit à Nerwinden, le 18 mars, une grande défaite qui l'entraîna à la perte de toute la Belgique. Le général français s'en prit à son gouvernement, qu'il accusait de laisser les armées dans le dénuement. Il essaya d'une contre-révolution royaliste au profit de son lieutenant Égalité ; mais ses soldats refusèrent de le suivre à Paris. Dumouriez s'enfuit comme son prédécesseur Lafayette et chercha un refuge dans le camp autrichien.

La frontière de fer de Vauban arrêta l'ennemi et sauva la France. Le généralissime Cobourg disposait de 100.000 soldats : il manqua d'audace. Avant de percer sur Paris, il prétendit enlever d'abord les forteresses. Le duc d'York, avec une armée anglo-hollando-hanovrienne, assiégea Dunkerque. Cobourg lui-même usa ses forces et perdit son temps devant les places de la Sambre et de l'Escaut ; bientôt maître de Condé, Valenciennes, Le Quesnoy, il voulut encore enlever Maubeuge.

Le 7 septembre, à six heures du soir, l'armée marcha sur Hondschoote. Vandamme, qui depuis la prise de Rexpœde menait la tête de nos attaques, s'avança pendant la nuit vers la gauche de Killem. D'Hédouville se dirigea sur Bergues ; Jourdan et Colaud passèrent l'Yser, le premier au bac et sur le pont de Bambecke, le second à Roussbrugge. Le général en chef suivait la colonne de Jourdan. Le 8, vers sept heures du matin, elle parut à la vue de Hondschoote et s'arrêta pour ne pas s'engager avant l'arrivée des troupes de Colaud. Houchard envoya l'adjudant général Gay de Vernon faire la reconnaissance de la position ennemie. Les gens du pays assuraient qu'elle n'était occupée que par 5.000 Anglais et 15 pièces d'artillerie : ils se trompaient et nous trompaient.

Walmoden n'avait établi ni avant-postes, ni défenses extérieures. Néanmoins il était bien sur ses gardes, quoique au premier abord on eût été tenté de le taxer d'imprudence. Mais on ne tarda pas à apprendre qu'il avait usé de cette précaution dans la crainte qu'on n'enlevât promptement des vedettes qui nous auraient appris l'arrivée d'un renfort de 6.000 Hessois et Anglais.

L'adjudant général Gay de Vernon eut donc la facilité de voir de très près la position ennemie et s'approcha des retranchements de manière à compter jusqu'aux bouches à feu que renfermaient les batteries. Les détachements chassés de Bambecke, de Rexpœde et de Worhmout formaient à Hondschoote un corps de 12.000 hommes, qu'avaient rejoint à minuit 6.000 Hessois ou Anglais venus de l'armée de siège.

Le terrain monte en pente douce jusqu'à Hondschoote, dont tous les points accessibles étaient fraisés d'abatis, barricadés ou défendus par des ouvrages en terre. Six pièces de canon, des haies, des fossés et des bois couvraient la gauche de la position. Au centre on avait creusé de larges coupures et élevé en travers de la route un épaulement et une batterie de 8 pièces de position et de 4 obusiers qui balayait une clairière où se croisent des chemins venant de Bergues, de Killem et d'Oost-Cappel. La droite s'appuyait à un bout de canal sur le bord duquel on avait construit, derrière une flaque d'eau, une redoute armée de 2 canons. Auprès de la batterie du centre, l'ennemi avait négligé d'abattre quelques maisons.

A neuf heures, Colaud, étant arrivé en ligne, forma notre droite. Au centre, Jourdan se couvrit habilement des haies et des bois que traverse la route où marchait sa colonne. Vandamme reçut l'ordre de se réunir à Leclair et de continuer leurs attaques le long de la basse Colme. Le mouvement général d'Hédouville sur Bergues nous privait de 5.000 combattants et réduisait nos forces à moins de 21.000 hommes.

Il était impossible de cerner Hondschoote. Aussi Walmoden conserva-t-il sur ses derrières deux communications convergentes : l'une, à droite de la Colme, passait par Houthem ; l'autre, à gauche, longeait la Moëre.

Mlle Montfort, pinx.
HOUCHARD
Général en chef des armées du Rhin, de la Moselle et du Nord.

Colaud engagea le combat. Jourdan fit passer en tête de sa colonne 10 pièces de canon pour répondre à la batterie qui lui était opposée.

La position de notre artillerie n'était pas avantageuse ; cependant son feu bien dirigé causa de grands ravages parmi les canonniers anglais, dont un nombre considérable fut blessé par les éclats de bois que nos boulets enlevaient des maisons voisines et qu'ils jetaient dans la batterie. Nos troupes se formèrent alors des deux côtés de la route ; mais, en entrant dans les bois, elles rencontrèrent la division du général Cochenhausen, qui défendait les approches des retranchements. Là, se livra un furieux combat d'infanterie : l'ennemi résista pendant deux heures sans perdre un pouce de terrain ; enfin nos soldats l'emportèrent : Cochenhausen reçut une blessure mortelle, et ses troupes furent ramenées derrière leurs retranchements.

Jourdan poursuivit ce succès et donna ordre à sa division de marcher vite et sans tirer ; à ce moment un boulet lui rasa la poitrine et l'obligea à quitter le champ de bataille. Colaud et Maingaud tombèrent blessés. Ce fut un grand malheur que ces trois généraux eussent été atteints presque au même instant, et lorsqu'ils avaient donné à leurs soldats l'élan de la victoire.

Nos troupes, qui avaient besoin d'être encouragées et soutenues par l'exemple de leurs principaux chefs, s'arrêtèrent, reculèrent et furent promptement éparpillées derrière les haies, les fossés, et dans les bois pour se dérober aux coups de l'ennemi. En peu de temps la route et la clairière se dégarnirent, et les divisions de Jourdan se dispersèrent en tirailleurs. Ce n'était plus un combat régulier, mais une mêlée, une foule d'engagements singuliers et de duels, où, suivant l'expression pittoresque du chef d'état-major Barthélemy, on se poignardait.

Notre position devint critique. L'infanterie anglaise gagnait du terrain sur nous ; notre principale batterie pouvait être compromise en ne bougeant pas et compromettait infailliblement le sort de la journée en se retirant, car le moindre mouvement rétrograde de cette artillerie aurait été le signal de la déroute la plus complète. Houchard crut un moment que la bataille serait perdue. Dans cette extrémité, il fit tout ce qu'on pouvait attendre de sa vaillance : il mit le sabre à la main, ordonna à son nombreux état-major d'imiter son

JOURDAN
Maréchal de France.

exemple et s'avança à la tête du 17ᵉ de cavalerie, qu'il tenait en réserve. Ce régiment était superbe et comptait plus de 500 chevaux; il arriva au grand trot et se déploya dans le meilleur ordre. A son approche, les Anglais s'arrêtèrent, nos canonniers reprirent courage, et quatre bataillons, environ 2.000 hommes, rassurés par la belle contenance du 17ᵉ de cavalerie et par la présence du général en chef, se reformèrent en ligne derrière notre batterie. Houchard avait invité les représentants du peuple Levasseur et Delbrel de se porter l'un à la tête de la division de Jourdan, l'autre à la tête de la division de Colaud. Ils acceptèrent cette dangereuse mission et l'accomplirent avec un dévouement digne d'éloges. Le brillant courage de ces députés, la vue des panaches et des écharpes tricolores qui flottaient à leurs chapeaux, produisirent, comme toujours, un effet électrique. Bientôt les soldats s'animèrent les uns les autres par les cris mille fois répétés de : « Vive la Nation ! Vive la République ! » De la gauche à la droite, ils s'excitaient mutuellement et chantaient à tue-tête la *Marseillaise*. Houchard ordonna de marcher au pas de course et d'aborder sans tirer les retranchements ennemis.

Un bataillon des grenadiers nationaux du Pas-de-Calais s'avança contre la gauche de la batterie qui couvrait le centre de la position d'Hondschoote. A ce moment le feu des Anglais commença à se ralentir, et nous vîmes qu'ils faisaient des mouvements de retraite.

De notre côté la charge battait de plus en plus chaudement à notre gauche sur le canal de Furnes ; les grenadiers du Pas-de-Calais enlevèrent les retranchements et y pénétrèrent en même temps que les gendarmes à pied de Paris et les chasseurs du Mont-Cassel.

On dut en grande partie ce succès aux attaques vigoureuses de Vandamme et de Leclair. Ce dernier était sorti de Bergues et avait marché droit sur Hondschoote. D'abord il eut à combattre le corps autrichien mis en observation à Warhem. Ce détachement, après une faible résistance, se replia derrière la Petite Moëre. Lorsque Leclair déboucha sur la redoute en avant du fort de Hondschoote, les Volontaires de l'Orne, qui formaient sa tête de colonne, s'effrayèrent et se rompirent. Mais derrière ces soldats novices marchaient les gendarmes à pied de Paris et le premier bataillon d'un de nos plus vieux et de nos meilleurs régiments, le 24ᵉ de ligne, autrefois régiment de Brie. A la vue de ce désordre, les soldats du 24ᵉ et les gendarmes se précipitent, traversent la flaque d'eau, où ils enfoncent jusqu'à la poitrine, arrivent au pied de la redoute qu'ils entourent et qu'ils escaladent, en montant sur les épaules les uns des autres ou en faisant des échelons avec leurs sabres et leurs baïonnettes, qu'ils fichent dans l'escarpe. Là un bataillon anglais de 500 hommes est pris ou tué ; là Leclair s'est réuni à Vandamme, et tous deux ont refoulé l'ennemi, l'ont chassé de poste en poste et l'ont enfin acculé sur la batterie du centre ; elle fut aussitôt envahie par nos soldats. Alors le combat cessa sur les avenues d'Hondschoote : il recommença dans la ville. Les régiments hanovriens qui formaient la retraite s'y étaient retranchés. Ils s'opiniâtrent à défendre sur la place du Marché un grand corps de garde et les maisons environnantes : là nous éprouvâmes une vigoureuse résistance qui arrêta court la poursuite de Leclair. Il fallut soutenir un combat à l'arme blanche, et ce ne fut qu'à trois heures du soir qu'enfin l'armée de Walmoden fut entièrement chassée de la position d'Hondschoote. Sur ces entrefaites arriva la division d'Hédouville. Ce général, auquel Houchard témoigna quelque mécontentement, avait marché près de la moitié de la journée sur le chemin de Bergues sans rencontrer d'ennemis et s'était enfin décidé, mais un peu tard, à se rabattre du côté où depuis le matin il entendait une vive canonnade. On mit aussitôt cette division et les troupes légères à la poursuite de Walmoden, qui se retirait sur Furnes par Houthem et le long de la Grande Moëre.

Le mouvement de d'Hédouville sur Bergues fut la faute la plus grave commise pendant ces trois journées. En effet, ce général avait été informé, dans la journée du 7, que l'intention de Houchard était de marcher le lendemain sur Hondschoote ; qu'ainsi c'était à lui,

BATAILLE DE HONDSCHOOTE
(8 septembre 1793).

Eug. Lami, pinx.

d'Hédouville, à bien reconnaître ce qui se passait dans la direction de Bergues; que lui seul pouvait savoir si de ce côté il se trouvait quelque corps ennemi à craindre; que la chose ne semblait pas probable; et que d'ailleurs Vandamme et Leclair étaient là pour le maintenir. Houchard laissait d'Hédouville maître de choisir le parti le plus convenable, et lui recommandait de ne prendre conseil que des circonstances; mais que, dans le cas où il se déciderait à ne pas se porter du côté de Bergues, il devait le 8, à la pointe du jour, venir prendre position entre Leysel et Oost-Cappel.

Si d'Hédouville eût préféré ce dernier parti, il aurait rencontré le général en chef, se serait concerté avec lui; et sa division, au lieu d'aller inutilement battre l'estrade dans la direction de Bergues, aurait pu, pendant l'attaque d'Hondschoote, déborder la gauche des Anglais et tomber sur leur principale ligne de retraite, qui était le chemin de Houthem à Bulscamp.

Nos troupes étaient presque démoralisées par une bataille qu'elles avaient livrée et soutenue en tirailleurs. On perdit plus de deux heures à débrouiller leur pêle-mêle. Pendant ce temps, Houchard alla reconnaître les bords de la Grande Moëre. Nous y découvrîmes le débouché de la ligne de correspondance ennemie. Le général en chef reçut quelques rapports de l'autre rive et jugea avec raison que le duc d'York devait être en pleine retraite. Cette supposition s'accordait avec les nouvelles qui arrivaient de l'avant-garde.

D'Hédouville mandait qu'il s'était arrêté à Houthem; que, devant lui, Walmoden prenait position à Bulscamp et s'y renforçait de manière à prouver que la principale armée anglaise approchait et défilait sur Furnes. On proposa alors à Houchard de faire passer sur la rive maritime de la Moëre, par le gué qu'avaient suivi les Hanovriens, un corps de 4.000 hommes de cavalerie et de chasseurs à pied, et de confier cette opération à Vandamme, qui connaissait bien le pays. Mais, dans les circonstances importantes, il fallait, pour que Houchard se décidât à donner un ordre, que la présence des commissaires de la Convention autorisât, soutînt ou excitât ses résolutions.

Malheureusement ils étaient demeurés dans Hondschoote avec le chef d'état-major Barthélemy afin de presser la recomposition des bataillons. Houchard n'eut pas la force de s'arracher à ses habitudes de tâtonnement ; il courut aux renseignements, questionna les habitants ; les uns disent que la traversée était facile ; les autres que la Grande Moëre avait tellement enflé depuis deux jours que le passage serait presque impossible à tenir. Houchard craignit de se compromettre et de compromettre sa cavalerie ; néanmoins, comme il adoptait aisément les demi-moyens, il donna ordre à Vandamme de passer la Moëre avec 60 cuirassiers et d'aller reconnaître et inquiéter les mouvements du duc d'York.

Dans la matinée du 8, le prince anglais avait été attaqué par un détachement de la garnison de Dunkerque. Hoche, qui commandait la sortie, reprit Rosendal et écrasa la brigade autrichienne qui défendait ce village ; à quatre heures du soir, le duc d'York se décida à battre en retraite sur Furnes.

A minuit, Vandamme déboucha près de Gyvelde et se réunit à Hoche. Ensemble ils attaquèrent l'arrière-garde anglaise et s'emparèrent d'une grande quantité de bagages. Ces trois journées coûtèrent à l'armée ennemie 6.000 hommes, 3 généraux, 3 drapeaux et 9 canons ; notre perte s'élevait à 1.800 morts ou blessés.

A deux heures du matin, le duc d'York, couvert par le corps de Walmoden, prenait position derrière le canal qui descend de Loo à Furnes. Cette nuit même la division Landrin quitta les hauteurs de Wormouth et entra dans Dunkerque. Le lendemain nous trouvâmes dans les camps abandonnés par l'ennemi 2.000 tentes, 52 bouches à feu, presque toutes de 24, 300 milliers de poudre et un attirail complet de siège.

Depuis quinze jours que la tranchée était ouverte devant une place entourée par des remparts de terre, les Anglais n'avaient achevé que

Robin, pinx.

Prise du camp de Pérulle
(19 avril 1793).

la première parallèle. Une seule batterie de six pièces avait été armée et commençait à tirer à boulets rouges.

Dumesnil, après une inutile tentative d'incendie sur Ypres où, pendant trente-six heures il avait jeté des obus et des boulets rouges, revint au camp de Bailleul. Walmoden se porta vers Dixmude et nous apprîmes que Beaulieu se disposait à secourir l'armée anglaise. L'occupation d'Ypres par des forces considérables pouvait compromettre nos communications avec Cassel et nous placer dans la plus fâcheuse position ; car l'expérience du passé a prouvé, et la conduite de Pichegru pendant la campagne suivante a démontré qu'on ne peut pas sans imprudence se porter sur Nieuport et Ostende quand on n'est pas maître d'Ypres.

Houchard réunit son conseil ; les représentants et les officiers qu'il y appela furent de l'avis unanime qu'il ne fallait pas s'enfoncer, dans un pays difficile à la poursuite des Anglais ; que de ce côté nous ne recueillerions que des avantages incertains et chèrement obtenus ; qu'il en était d'autres plus nombreux, plus directs et plus réels que nos succès à Hondschoote pouvaient nous promettre ; qu'ainsi nous devions sans retard nous tourner contre les Hollandais, les écraser dans Menin, puis revenir à Cambrai, marcher sur l'armée du prince de Cobourg et délivrer Le Quesnoy[1]

---

[1] Sur un autre terrain, les ennemis qui avaient été délogés de leur camp de Pérulle, y étaient revenus en force. Ils furent reçus avec vigueur par les grenadiers des Bouches-du-Rhône et les chasseurs de Marseille, qui les culbutèrent, les poursuivirent, et, sans la nuit qui termina le combat, eussent forcé leur camp pour la troisième fois depuis trois jours. Les ennemis eurent 100 hommes tués et blessés 21 prisonniers ; les Français n'eurent que 3 hommes tués et 11 blessés.

COMBAT DU MAS DE ROZ

Aux Pyrénées, la guerre avec l'Espagne, déclarée le 7 mars, à la suite de la mort de Louis XVI, venait à peine de commencer. Les préparatifs avaient été longs des deux côtés, parce que l'Espagne, lente, paresseuse et misérablement administrée ne pouvait se hâter davantage, et parce que la France avait sur les bras d'autres ennemis qui occupaient toute son attention. Servan, général aux Pyrénées avait passé plusieurs mois à organiser son armée et à accuser Pache, Ministre de la Guerre, avec autant d'amertume que le faisait Dumouriez. Les choses étaient restées dans le même état sous Bouchotte et, lorsque la campagne s'ouvrit, le général se plaignait encore du Ministre qui, disait-il, le laissait manquer de tout. Les deux pays communiquent l'un avec l'autre par deux points, Perpignan et Bayonne. Porter vigoureusement un corps d'invasion sur Bayonne et Bordeaux et aboutir ainsi à la Vendée était une tentative trop hardie pour ce temps-là ; d'ailleurs, l'ennemi nous supposait de ce côté de plus grands moyens de résistance ; il lui aurait fallu traverser les Landes, la Garonne, la Dordogne et de pareilles difficultés auraient suffi pour détourner de ce plan, si on y avait songé. La cour de Madrid préféra une attaque par Perpignan, parce qu'elle avait, de ce côté, une base plus solide en places fortes, parce qu'elle comptait sur les royalistes du Midi, d'après les promesses des émigrés, parce qu'enfin elle n'avait pas oublié ses anciennes prétentions sur le Roussillon. 4 ou 5.000 hommes furent laissés à la garde de l'Aragon ; 15 ou 18.000 durent guerroyer sous le général Caro dans les Pyrénées-Occidentales ; enfin, le général Ricardos avec 20.000 hommes fut chargé d'attaquer sérieusement le Roussillon.

Deux vallées principales, celle du Tech et celle de la Tet, se détachent de la chaîne des Pyrénées et, débouchant vers Perpignan, forment nos deux premières lignes défensives. Perpignan est placé sur la seconde, celle de la Tet. Ricardos, instruit de la faiblesse de nos moyens, débute par une pensée hardie : il masque les forts Bellegarde et les Bains, situés sur la première ligne et s'avance hardiment avec le projet de faire tomber tous nos détachements, épars dans les vallées en les dépassant. Cette tentative lui réussit. Il débouche le 15 avril, bat les détachements envoyés sous le général Villot pour l'arrêter, et répand une terreur panique sur toute la frontière. En avançant avec 10.000 hommes il était maître de Perpignan, mais il n'avait pas assez d'audace. D'ailleurs, tous ses préparatifs n'étaient pas faits, et il laissa aux Français le temps de se reconnaître.

Le commandement, qui paraissait trop vaste, fut divisé. Servan eut les Pyrénées-Occidentales, et le général de Flers, les Pyrénées-Orientales. Celui-ci rallia l'armée en avant de Perpignan dans une position dite le mas d'Eu. Le 19 mai, Ricardos étant parvenu à réunir 18.000 hommes, attaqua le camp français. Le combat fut sanglant. Le brave général Dagobert de Fontenille, conservant dans un âge avancé, toute la fougue d'un jeune homme et joignant à son courage une grande intelligence, réussit à se maintenir sur le champ de bataille. De Flers arriva avec 1.800 hommes de réserve et le terrain fut conservé. La fin du jour approchait, et le combat paraissait devoir être heureux ; mais, vers la nuit, nos soldats accablés par la fatigue d'une longue résistance, cèdent tout à coup le terrain et se réfugient en désordre sous Perpignan. La garnison effrayée tire sur nos soldats qu'elle prend pour des Espagnols. C'était encore le cas de fondre sur Perpignan et de s'emparer de cette place qui n'eût pas résisté. Mais Ricardos, qui n'avait fait que masquer Bellegarde et les Bains, ne crut pas devoir pousser la hardiesse plus loin et revint faire le siège de ces deux petites forteresses. Il s'en empara vers la fin de juin, et se porta de nouveau en présence de nos troupes, ralliées peu après dans les mêmes positions qu'auparavant.

Ainsi, en juillet, un combat malheureux pouvait nous faire perdre le Roussillon. On s'attendait de jour en jour à voir arriver l'armée

Maurin, pinx.
DAGOBERT DE FONTENILLE
Général de division.

espagnole. Cependant, après quelques hésitations, Ricardos se décida à attaquer le général de Flers dans son camp du mas de Roz, où il se tenait retranché.

L'armée espagnole, après avoir laissé un corps d'observation devant les places de Collioure et Port-Vendres, qu'une escadre de

14 voiles bloquait par mer depuis plusieurs jours, s'était ébranlée sur trois colonnes. L'aile droite, aux ordres du lieutenant-général Cagigal, dans la direction de Niel, le centre, conduit par le marquis de Las Amarillas, et l'aile gauche, commandée par le comte de Monteforte, sur les deux extrémités du village de Canhoës. Ces trois colonnes s'élevaient à plus de 15.000 combattants ; elles traînaient avec elles un train d'artillerie considérable.

Le général espagnol, ayant investi le camp presque sur tous les points, commença ses attaques le 17. Elles réussirent d'abord. Les avant-postes français se retirèrent du mas de terres où le lieutenant-général espagnol Cagigal avait établi une grande batterie d'où il soutenait les attaques. Cependant, le chef de brigade Lamartillière, ayant en action la grosse artillerie du camp, foudroya, en peu d'heures, la grande batterie du mas de terres. Cagigal, ayant eu plus de la moitié de ses pièces démontées, jugea prudent de retirer les autres et n'en vint à bout qu'à force de bras. Dès que ce point important fut évacué, les Français y amenèrent quatre pièces qui firent un feu très vif contre les colonnes ébranlées. Cette canonnade augmentant de moment en moment son intensité, Ricardos ne voulut point hasarder l'assaut, et donna l'ordre de la retraite. A peine fut-elle prononcée, que Dagobert s'élance hors du camp à sa poursuite avec l'infanterie qui se trouve sous sa main. Son adversaire, pour l'arrêter, prescrit à la Union de le couvrir avec sa cavalerie. Dagobert dirige aussitôt contre elle ses pièces de bataillon ; mais, leur effet ne répondant point à son ardeur, il ordonne à une brigade d'infanterie de charger ces escadrons à la baïonnette.

Telle fut la glorieuse journée du 17 juillet, dans laquelle l'armée espagnole, bien supérieure à l'armée française, fut cependant contrainte de se retirer devant elle. Elle produisit, à l'égard des Espagnols, ce que dans la campagne précédente Valmy avait opéré sur les Prussiens.

Renoch, pinx.

COMBAT DU MAS DE ROZ
(17 juillet 1793).

SIÈGE DE MAYENCE

Mayence, placée sur la rive gauche du Rhin, du côté de la France et vis-à-vis de l'embouchure du Mein, forme un grand arc de cercle, dont le Rhin peut être considéré comme la corde. Un faubourg considérable, celui de Cassel, jeté sur l'autre rive, communique avec la place par un pont de bateaux. L'île de Petersau, située au-dessous de Mayence, remonte dans le fleuve, et sa pointe s'avance assez haut pour battre le pont de bateaux et prendre les défenses de la place à revers. Du côté du fleuve, Mayence n'est protégée que par une muraille en briques, mais du côté de la terre elle est extrêmement fortifiée. En partant de la rive à la hauteur de la pointe de Petersau, elle est défendue par une enceinte et par un fossé, dans lequel le ruisseau de Zalbach coule pour se rendre dans le Rhin. A l'extrémité de ce fossé, le fort de Haupstein prend le fossé en long, et joint la protection de ses feux à celle des eaux. A partir de ce point, l'enceinte continue et va rejoindre le cours supérieur du Rhin, mais, le fossé se trouve interrompu, et il est remplacé par une double enceinte parallèle à la première. Ainsi, de ce côté, les deux rangs de murailles exigent un double siège.

La cidatelle, liée à la double enceinte, vient encore augmenter la force.

Telle était Mayence en 1793, avant même que les fortifications en eussent été perfectionnées.

La garnison s'élevait à 20.000 hommes, parce que le général Schaal, qui devait se retirer avec une division, avait été rejeté dans la place et n'avait pu rejoindre l'armée de Custine.

Les vivres n'étaient pas proportionnés à cette garnison. Dans l'incertitude de savoir si on garderait ou non Mayence, on s'était peu hâté de l'approvisionner : Custine en avait enfin donné l'ordre. Les juifs s'étaient présentés ; mais ils offraient un marché astucieux : ils voulaient que tous les convois arrêtés en route par l'ennemi leur fussent payés. Rewbell et Merlin refusèrent ce marché, de crainte que les juifs ne fissent eux-mêmes enlever les convois. Néanmoins, les grains ne manquèrent pas. Mais on prévoyait que, si les moulins placés sur le fleuve étaient détruits, la mouture deviendrait impossible. La viande était en petite quantité, et les fourrages surtout étaient absolument insuffisants pour les 3.000 chevaux de la garnison. L'artillerie se composait de 130 pièces en bronze et de 60 en fer, qu'on avait trouvées et qui étaient fort mauvaises ; les Français en avaient apporté 80 en bon état. Les pièces de rempart existaient donc en quantité suffisante, mais la poudre manquait. Le savant et héroïque Meunier, qui avait exécuté les travaux de Cherbourg fut chargé de défendre Cassel et les postes de la rive droite ; Doyré dirigeait les travaux dans le corps de la place ; Aubert-Dubayet et Kléber commandaient les troupes ; les représentants Merlin et Rewbell animaient la garnison de leur présence. Elle campait dans l'intervalle des deux enceintes, et occupait au loin des postes très avancés. Elle était animée du meilleur esprit, avait grande confiance dans la place, dans ses chefs, dans ses forces ; et, de plus, elle savait qu'elle avait à défendre un point très important pour le salut de la France.

Le général Schœnfeld, campé sur la rive droite, cernait Cassel avec 10.000 Hessois. Les Autrichiens et les Prussiens réunis faisaient la grande attaque de Mayence. Les Autrichiens occupaient la droite des assiégeants. En face de la double enceinte, les Prussiens formaient le centre de Marienbourg ; là, se trouvait le quartier général du roi de Prusse. La gauche, composée encore de Prussiens, campait en face du Haupstein et du fossé inondé par les eaux du Zalbach. 50.000 hommes à peu près composaient cette armée de siège. Le vieux Kalkreuth la dirigeait. Brunswick commandait le corps d'observation du côté des Vosges, où il s'entendait avec Wurmser pour

SIÈGE DE MAYENCE

protéger cette grande opération. La grosse artillerie de siège manquant, on négocia avec les Hollandais qui vidèrent une partie de leurs arsenaux pour aider les progrès de leurs voisins les plus redoutables.

Rouget, *pinx.*
BEAUHARNAIS
Maréchal de camp, chef d'état-major.

L'investissement commença en avril. En attendant les convois d'artillerie, l'offensive appartint à la garnison qui ne cessa de faire les sorties les plus vigoureuses. Le 11 avril, et quelques jours après l'investissement, nos généraux résolurent d'essayer une sortie contre les 10.000 Hessois, qui s'étaient trop étendus sur la rive droite. Le 11, dans la nuit, ils sortirent de Cassel sur trois colonnes. Meunier marcha devant lui sur Hocheim ; les deux autres colonnes descendirent la rive droite, vers Biberik. Mais un coup de fusil, parti à l'improviste dans la colonne du général Schaal, répandit la confusion. Les troupes, toutes neuves encore, n'avaient pas l'aplomb qu'elles acquirent bientôt sous leurs généraux. Il fallut se retirer ; Kléber, avec sa colonne, protégea la retraite de la manière la plus imposante. Cette sortie valut aux assiégés quarante bœufs ou vaches qui furent salés. Le 16, les généraux ennemis voulaient faire enlever le poste de Weissenau qui, placé près du Rhin et à la droite de leur attaque, les inquiétait beaucoup. Les Français, malgré l'incendie du village, se retirèrent dans un cimetière ; le représentant Merlin s'y plaça avec eux, et par des prodiges de valeur ils conservèrent le poste.

Le 26, les Prussiens dépêchèrent un faux parlementaire, qui se disait envoyé par le général de l'armée du Rhin, pour engager la garnison à se rendre. Les généraux, les représentants, les soldats, déjà attachés à la place et convaincus qu'ils rendaient un grand service en arrêtant l'armée du Rhin sur la frontière, repoussèrent toute proposition. Le 3 mai, le roi de Prusse voulut faire prendre un poste de la rive droite vis-à-vis de Cassel, celui de Kostheim. Meunier le défendait. L'attaque, tentée le 3 mai, avec une grande opiniâtreté et recommencée le 8, fut repoussée avec une perte considérable pour les assiégeants. Meunier, de son côté, essaya l'attaque des îles placées à l'embouchure du Mein ; il les prit, les perdit ensuite et déploya à chaque occasion la plus grande audace.

Le 30 mai, les Français résolurent une sortie générale sur Marienbourg où était le roi Frédéric-Guillaume. Favorisés par la nuit, 6.000 hommes pénétrèrent à travers la ligne ennemie, s'emparèrent des retranchements et arrivèrent au quartier général.

Cependant l'alarme répandue leur mit toute l'armée sur les bras. Ils rentrèrent après avoir perdu beaucoup de leurs braves. Le lendemain, le roi de Prusse courroucé fit couvrir la place de feux. Ce même jour, Meunier faisait une tentative sur l'une des îles du Mein. Blessé au genou, il expira moins de sa blessure que de l'irri-

A. Scheffer, *pinx.*

HOCHE
Général en chef des armées de la Moselle.

tation qu'il éprouvait d'être obligé de quitter les travaux du siège. Toute la garnison assista à ses funérailles. Le roi de Prusse fit suspendre le feu pendant qu'on rendait les derniers honneurs à ce héros, et le fit saluer d'une salve d'artillerie. Le corps fut déposé à la pointe du bastion de Cassel, qu'il avait fait élever.

Les grands convois étaient arrivés de Hollande. Il était temps de commencer les travaux du siège. Un officier prussien conseillait de s'emparer de l'île de Pétersau dont la pointe remontait entre Cassel et Mayence, d'y établir des batteries, de détruire le pont de bateaux et de donner l'assaut à Cassel, une fois qu'on l'aurait isolé et privé des secours de la place. Il proposait ensuite de se diriger vers le fossé où coulait la Zalbach, de s'y jeter sous la protection des batteries de Pétersau, qui enfileraient ce fossé, et de tenter un assaut sur ce front qui n'était formé que d'une seule enceinte. Le projet était hardi et périlleux, car il fallait débarquer à Pétersau, puis se jeter dans un fossé au milieu des eaux et sous le feu de Haupstein ; mais aussi les résultats devaient être prompts. On aima mieux ouvrir la tranchée du côté de la double enceinte et vis-à-vis de la citadelle, sauf à faire un double siège.

Le 16 juin, une première parallèle fut tracée à huit cents pas de la première enceinte. Les assiégés mirent le désordre dans les travaux ; il fallut reculer. Le 18, une autre parallèle fut tracée beaucoup plus loin, c'est-à-dire à quinze cents pas, et cette distance excita les sarcasmes de ceux qui avaient proposé l'attaque hardie de Pétersau.

Du 24 au 25, on se rapprocha. On s'établit à huit cents pas et on éleva des batteries. Les assiégés interrompirent encore les travaux et enclouèrent les canons ; mais ils furent enfin repoussés et accablés de feux continuels. Le 18 et le 19, 200 pièces étaient dirigées sur la place et la couvraient de projectiles de toute espèce. Des batteries flottantes placées sur le Rhin incendiaient l'intérieur de la ville par le côté le plus ouvert, et lui causaient un dommage considérable.

Cependant la dernière parallèle n'était pas encore ouverte, la première enceinte n'était pas encore franchie, et la garnison pleine d'ardeur ne songeait pas à se rendre. Pour se délivrer des batteries flottantes, de braves Français se jetaient à la nage et allaient couper les câbles des bateaux ennemis. On en vit un amener à la nage un bateau chargé de 80 soldats qui furent faits prisonniers.

Mais la détresse était au comble. Les moulins avaient été incendiés, et il avait fallu recourir pour moudre le grain aux moulins à bras. Encore les ouvriers ne voulaient-ils pas y travailler, parce que l'ennemi averti ne manquait pas d'accabler d'obus le lieu où ils avaient été placés. D'ailleurs on manquait presque tout à fait de blé. Depuis longtemps on n'avait plus que la chair de cheval; les soldats mangeaient des rats et allaient sur les bords du Rhin pêcher les chevaux morts que le fleuve entraînait. Cette nourriture devint funeste à plusieurs d'entre eux; il fallut la leur défendre, et les empêcher même de la rechercher en plaçant des gardes sur les bords du Rhin. Un chat valait six francs; la chair de cheval mort, quarante sous la livre. Les officiers ne se traitaient pas mieux que les soldats, et Aubert-Dubayet, invitant à dîner son état-major, lui fit servir, comme régal, un chat flanqué de douze souris. Ce qu'il y avait de plus douloureux pour cette malheureuse garnison, c'était la privation absolue de toute nouvelle. Les communications étaient si bien interceptées que, depuis trois mois, elle ignorait absolument ce qui se passait en France. Elle avait essayé de faire connaître sa détresse tantôt par une dame qui allait voyager en Suisse, tantôt par un prêtre qui avait pris le chemin des Pays-Bas, tantôt enfin par un espion qui devait traverser le camp ennemi. Mais aucune de ces dépêches n'était parvenue. Espérant que peut-être on songeait à leur envoyer des nouvelles du Haut-Rhin au moyen de bouteilles jetées dans le fleuve, les assiégés y placèrent des filets. Ils les levaient chaque jour, mais ils n'y trouvaient jamais rien. Les Prussiens, qui avaient pratiqué toute espèce de ruses avaient fait imprimer à Francfort de faux *Moniteurs* publiant que Dumouriez avait renversé la Convention et que

Ansiaux, pinx.

KLÉBER
Défenseur de Mayence.

Louis XVII régnait avec une régence. Les Prussiens placés aux avant-postes transmettaient ces faux *Moniteurs* aux assiégés, et cette lecture répandait les plus grandes inquiétudes, et ajoutait aux souffrances qu'on endurait déjà la douleur de défendre peut-être une cause perdue.

Cependant on attendait en se disant : L'armée du Rhin va bientôt arriver. Quelquefois on disait : Elle arrive. Pendant une nuit on entendit une canonnade très vigoureuse loin de la place. On s'éveille avec joie, on court aux armes et on s'apprête à marcher vers le canon français et à mettre l'ennemi entre deux feux. Vain espoir : le bruit cesse, et l'armée libératrice ne paraît pas. Enfin, la détresse était devenue si insupportable, que deux mille habitants demandèrent à sortir. Aubert-Dubayet le leur permit, mais ils ne furent pas reçus par les assiégeants, restèrent entre deux feux et périrent en partie sous les murs de la place. Le matin, on vit les soldats rapporter dans leurs manteaux des enfants blessés.

Pendant ce temps, l'armée du Rhin et de la Moselle ne s'avançait pas. Custine l'avait commandée jusqu'au mois de juin. Encore tout abattu de sa retraite, il n'avait cessé d'hésiter pendant les mois d'avril et de mai. Il disait qu'il n'était pas assez fort, qu'il avait besoin de beaucoup de cavalerie pour soutenir, dans les plaines du Palatinat, les efforts de la cavalerie ennemie ; qu'il n'avait point de fourrage pour nourrir ses chevaux, qu'il lui fallait attendre que les seigles fussent assez avancés pour en faire du fourrage, et qu'alors il marcherait au secours de Mayence. Beauharnais, son successeur, hésitant comme lui, perdit l'occasion de sauver la place. La ligne des Vosges, comme on sait, longe le Rhin et finit non loin de Mayence. En occupant les versants de la chaîne et ses principaux passages, on a un avantage immense, parce qu'on peut se porter ou tout d'un côté, ou tout d'un autre et accabler l'ennemi de ses masses réunies. Telle était la position des Français. L'armée du Rhin occupait le versant oriental, et celle de la Moselle le versant occidental ; Brunswick et Wurmser étaient disséminés, à la terminaison de la chaîne, sur un cordon fort étendu. Disposant des passages, les deux armées françaises pouvaient se réunir sur l'un ou l'autre des versants, accabler Brunswick ou Wurmser, venir prendre les assiégeants par derrière et sauver Mayence. Beauharnais, brave, mais peu entreprenant, ne fit que des mouvements incertains et ne secourut pas la garnison.

Les représentants et les généraux enfermés dans Mayence, pensant qu'il ne fallait pas pousser les choses au pire ; que, si on attendait huit jours de plus, on pourrait manquer de tout et être obligé de rendre la garnison prisonnière ; qu'au contraire, en capitulant, on obtiendrait la libre sortie avec les honneurs de la guerre, et que l'on conserverait 20.000 hommes, devenus les plus braves soldats du monde sous Kléber et Dubayet, décidèrent qu'il fallait rendre la place. Sans doute, avec quelques jours de plus, Beauharnais pouvait la sauver ; mais, après avoir attendu si longtemps, il était permis de ne plus penser à un secours, et les raisons de se rendre étaient déterminantes. Le roi de Prusse fut facile sur les conditions : il accorda la sortie avec armes et bagages, et n'imposa qu'une condition, c'est que la garnison ne servirait pas d'une armée contre les coalisés.

Cependant la garnison céda, et, tandis qu'elle défilait, le roi de Prusse, plein d'admiration pour sa valeur, appelait par leur nom les officiers qui s'étaient distingués pendant le siège, et les complimentait avec une courtoisie chevaleresque. L'évacuation eut lieu le 25 juillet.

Aussitôt après, les Prussiens de Brunswick et les Autrichiens de Wurmser s'avancèrent respectivement sur la Sarre et sur la Lauter, assiégèrent Landau. Bien qu'ils eussent enlevé au général Beauharnais les célèbres lignes de Wissembourg et fait capituler Haguenau, les généraux coalisés manquèrent de résolution, tout comme leurs collègues du Nord. Le Comité de Salut public attachait une importance extrême à la délivrance de Landau. Il plaça à la tête des armées de la Moselle et du Rhin deux jeunes généraux Hoche et Pichegru, et leur enjoignit de reprendre immédiatement l'offensive.

Ansiaux, pinx. KELLERMANN.

BATAILLE DE PEYRESTORTES

Aux Pyrénées, nos troupes étaient restées, depuis les derniers événements, aux environs de Perpignan. Les Espagnols se trouvaient dans leur camp du Mas-d'Eu. Nombreux, aguerris, et commandés par un général habile, ils étaient pleins d'ardeur et d'espérance. Les deux vallées presque parallèles du Tech et de la Tet partent de la grande chaîne et débouchent vers la mer. Perpignan est dans la seconde de ces vallées. Ricardos avait franchi la première ligne du Tech, puisqu'il se trouvait au Mas-d'Eu, et il avait résolu de passer la Tet au-dessus de Perpignan, de manière à tourner cette place et à forcer notre armée à l'abandonner. Dans ce but, il songea d'abord à s'emparer de Villefranche. Cette petite forteresse, placée sur le cours supérieur de la Tet, devait assurer son aile gauche contre le brave Dagobert, qui avec 3.000 hommes obtenait des succès en Cerdagne. En conséquence, vers les premiers jours d'août, il détacha le général Crespo avec quelques bataillons. Celui-ci n'eut qu'à se présenter devant Villefranche; le commandant lui en ouvrit lâchement les portes. Crespo y laissa garnison et vint rejoindre Ricardos. Pendant ce temps, Dagobert, avec un très petit corps, parcourut toute la Cerdagne, refoula les Espagnols jusqu'à la Seu-d'Urgel, et songea même à les repousser jusqu'à Campredon. Cependant, la faiblesse du détachement de Dagobert et la forteresse de Villefranche rassurèrent Ricardos contre le succès des Français sur son aile gauche; Ricardos persista donc dans son offensive. Le 31 août, il fit menacer notre camp sous Perpignan, passa la nuit au-dessous de Soler, en chassant devant notre aile droite, qui vint se replier à Salces, à quelques lieues en arrière de Perpignan, et tout près de la mer. Dans cette position, les Français, les uns enfermés dans

Perpignan, les autres acculés sur Salces, ayant la mer à dos, se trouvaient dans une position des plus dangereuses. Dagobert, il est vrai, remportait de nouveaux avantages dans la Cerdagne, mais trop peu importants pour alarmer Ricardos. Les représentants Fabre et Cassaigne, retirés avec l'armée à Salces, résolurent d'appeler Dagobert en remplacement de Barbentane, pour ramener la fortune sous nos drapeaux. En attendant l'arrivée du nouveau général, ils projetèrent un mouvement combiné entre Salces et Perpignan pour sortir de cette situation périlleuse. Ils ordonnèrent à une colonne de s'avancer de Perpignan et d'attaquer les Espagnols par derrière, tandis qu'eux-mêmes, quittant leurs positions, les attaqueraient de front. En effet, le 15 septembre, le général Davout sort de Perpignan avec 6 ou 7.000 hommes, tandis que Pérignon se dirige de Salces sur les Espagnols. Au signal convenu, on se jette des deux côtés sur le camp ennemi. Les Espagnols, pressés de toutes parts, sont obligés de fuir derrière la Tet en abandonnant 26 pièces de canon. Ils vinrent aussitôt se replacer au camp du Mas-d'Eu, d'où ils étaient partis pour accomplir cette tentative hardie, mais malheureuse.

L'action se passa près du village de Peyrestortes.

Dagobert arriva sur ces entrefaites et voulut faire une tentative sur le camp du Mas-d'Eu. Il divisa son attaque en trois colonnes : l'une partant de notre droite et marchant par Thuir, sur Sainte-Colombe, devait tourner les Espagnols ; la seconde, agissant au centre, était chargée de les attaquer et de les culbuter ; enfin la troisième, opérant vers la gauche, devait se placer dans un bois et leur fermer la retraite. Accablé par le nombre, il ne réussit pas ; mais il eut au moins le bonheur de se retirer avec ses troupes, sans que l'ennemi, étonné de sa fière contenance, osât le poursuivre.

Bataille de Peyrestortes
(17 septembre 1793).

WATTIGNIES & MENIN

La victoire de Hondschoote, qui avait excité en France des transports d'allégresse et enflammé l'enthousiasme national, n'avait eu, au reste, d'autre résultat que la levée du siège de Dunkerque. Les frontières restaient ouvertes et les ennemis ralliés les menaçaient encore. Tandis que le duc d'York, après avoir recueilli ses débris, tenait la campagne entre Ypres et Tournai avec 50.000 Anglais, Hollandais et Hanovriens, le prince de Cobourg, à la tête de 70.000 Autrichiens, poursuivait ses succès. Le 11 septembre, il avait forcé Le Quesnoy à capituler, malgré les secours qu'on avait essayé d'y introduire, et, quatre jours après, Beaulieu avait dispersé près de Billeghem, les troupes de Houchard, égarées par une terreur panique. C'est dans ces circonstances que la Convention nationale fulmina le terrible décret par lequel elle ordonna à ses généraux de vaincre avant le 20 octobre. Jourdan fut mis à la tête de l'armée du Nord à la place de Houchard, et Carnot s'y rendit en personne pour imprimer aux opérations une plus puissante unité. Avant tout, il fallait débloquer le corps de l'armée des Ardennes, qui était enveloppée par l'ennemi dans le camp retranché de Maubeuge.

Déjà le défaut de vivres s'y faisait vivement sentir; les troupes étaient réduites, depuis le 10, a moitié de la ration; les hôpitaux, établis seulement pour la garnison ordinaire, se trouvaient encombrés. L'abattement avait succédé au premier mouvement d'enthousiasme. Pour comble d'embarras, l'ennemi démasqua ses batteries dans la nuit du 14 au 15, à si grande proximité qu'elles jetèrent la terreur dans la ville. On pouvait tout craindre de la disposition des esprits.

Instruit de ces événements, Jourdan, investi d'une portion de la dictature du Comité de Salut public, jugea de toute importance de voler au secours d'un corps considérable qui, malgré les ouvrages dont il était protégé, menaçait de ne pas se soutenir longtemps.

Son premier soin fut de rassembler à Guise une armée de 45.000 hommes, tirée des camps de Gavarelle, de Cassel et de Lille. Redoutant d'exposer une partie de la frontière aux coups de l'ennemi, il laissa 10.000 hommes à Gavarelle pour couvrir Arras, et 40.000 environ furent employés à garder la ligne depuis Douai et Lille jusqu'à Dunkerque.

Il appela 5.000 hommes de l'armée du Nord, et, à la tête de ce corps de 45.000 hommes, il marcha à l'ennemi pour entreprendre de délivrer Maubeuge.

Jourdan, dit l'auteur des *Campagnes du Nord*, avait fait un long détour pour dérober sa marche aux ennemis, et les divisions s'avançaient sur la route d'Avesnes, tandis que 5.000 hommes de l'armée des Ardennes qui étaient restés dans les environs de Philippeville, sous le commandement du général Elie, manœuvraient pour venir se rallier à sa droite.

Les alliés, prévenus de la marche de l'armée française, avaient réuni leurs moyens de défense. Le 14 octobre, les avant-postes du comte de Clerfayt qui défendait la route d'Avesnes, eurent quelques engagements ; ils se replièrent pendant la nuit sur le corps principal du prince de Cobourg. Ses positions étaient formidables. Renforcé par deux divisions hollandaise et hanovrienne que commandait le prince d'Orange, le prince de Cobourg présentait à 50.000 Français une ligne de 80.000 combattants. Postés sur des collines boisées, ils étaient couverts par des fossés palissadés, par des abatis immenses, par des retranchements hérissés d'artillerie qui doublaient leurs forces.

Cependant le prince de Cobourg avait placé les Hollandais, au nombre de 12.000, sur la rive gauche de la Sambre, et s'attachait à faire incendier les magasins de Maubeuge pour augmenter la disette. En

BATAILLE DE WATTIGNIES
(16 octobre 1793).

même temps il avait posté le général Collardo sur la rive droite et l'avait chargé d'investir le camp retranché. En avant de Collardo, Clerfayt, avec trois divisions, formait le corps d'observation et devait s'opposer à la marche de Jourdan. Les coalisés comptaient à peu près 65.000 hommes.

Il fallait que Jourdan, avec ses 45.000 ou 50.000 hommes de nouvelles recrues, encore mal organisées, attaquât cette armée si supérieure par le nombre et la discipline, dans les formidables positions qu'elle occupait. Une première attaque eut lieu dans la journée du 15 octobre. Dirigée sur les trois points de Saint-Waast, Dourlers et Wattignies, elle ne réussit que sur le dernier qui était le plus faible. Mais les Français y avaient gagné de mieux connaître la position de l'ennemi, et, le lendemain, il fut résolu que l'attaque, qui devait être décisive, se porterait sur Wattignies, d'où l'on se rendrait infailliblement maître de Dourlers.

Le 16, au matin, l'action commença ; Jourdan, avec les commissaires de la Convention, s'était transporté à l'aile droite.

Par ses ordres, la division Beauregard, rappelée de sa position trop lointaine d'Eules, dut se rabattre sur Obrechies ; le général Duquesnoy renforcé reçut l'ordre d'aborder le camp de Wattignies sur trois colonnes par Choisy, Dimechaux et Dimont. Le corps des Ardennes, sorti de Philippeville, devait continuer sa démonstration sur Beaumont, mais sans trop s'engager.

Ces attaques, combinées avec sagesse et ensemble, eurent le succès qu'on a raison de se promettre toutes les fois qu'on applique les principes de l'art. Wattignies est enlevé par un mouvement concentrique, auquel le général Terzy ne saurait rien opposer. L'infanterie débouche de ce village, attaque à revers les grenadiers autrichiens qui défendaient la lisière du bois et se liaient au centre de Clerfayt ; elle les met dans l'obligation de se retirer, la baïonnette basse, jusque sous le bois du Prince : la cavalerie accourt au soutien et menace à son tour les bataillons un peu ébranlés des républicains.

Mais 12 pièces, heureusement placées par Jourdan et conduites par le frère de Carnot, semant l'épouvante dans les escadrons ennemis, les obligent à la retraite sur Beaufort.

Cependant au milieu de cette attaque, si heureusement combinée, le général Beauregard avait seul mal réussi. Surpris par une brigade autrichienne, il s'était exagéré la force de l'ennemi, et sa division s'était mise en désordre. Le prince de Cobourg ne sut pas profiter de cet avantage : il laissa Jourdan rallier ses bataillons dispersés et les ramener au feu avec le reste de l'armée. Craignant, d'ailleurs, que les 20.000 hommes du camp de Maubeuge ne vinssent s'unir à l'armée française et achever la défaite de l'armée impériale, il se hâta de passer sur la rive droite de la Sambre, malgré l'arrivée du duc d'York qui accourait à marches forcées du côté de la rive gauche. Maubeuge fut ainsi délivré par la bataille de Wattignies, comme Dunkerque l'avait été par celle de Hondschoote.

Le général Souham, qui commandait le camp de la Madeleine, près Lille, reçut, immédiatement après la bataille de Wattignies, l'ordre de se mettre en marche; il partit avec les brigades Macdonald, Michel et Dumonceau et se porta sur les routes de Menin, Werwick et de Tournay. Le 23, il s'empara des villages de Wilhem et de Sailly. Macdonald entra dans Werwick et, le 24, Dumonceau s'empara de Menin, pendant que Michel forçait les retranchements de Néchin et de Templeuve sur la droite du camp de Cisoing.

Les coalisés se trouvaient ainsi concentrés entre l'Escaut et la Sambre. Le comité de Salut public voulut aussitôt tirer parti de la victoire de Wattignies, du découragement qu'elle avait jeté chez l'ennemi, de l'énergie qu'elle avait rendue à notre armée, et résolut de tenter un dernier effort qui, avant l'hiver, rejetât les coalisés hors du territoire et les laissât avec le sentiment décourageant d'une campagne entièrement perdue.

Prise de Menin
(24 octobre 1793).

ENTRÉE DANS MOUTIERS

L'été de 1793 offrit aux Piémontais une occasion d'effectuer une tentative hardie qui n'aurait pu manquer d'être heureuse : c'était de réunir leurs principales forces sur le Petit-Saint-Bernard et de déboucher, avec 50.000 hommes, sur Lyon assiégé par Dubois-Crancé.

On sait que les trois vallées de Sallenche, de la Tarentaise et de la Maurienne, adjacentes l'une à l'autre, tournent sur elles-mêmes comme une espèce de spirale, et que, partant du Petit-Saint-Bernard, elles s'ouvrent sur Genève, Chambéry, Lyon et Grenoble. De petits corps français étaient éparpillés dans ces vallées. Descendre rapidement par l'une d'elles et venir se placer à leur ouverture, était un moyen assuré, d'après tous les principes de l'art, de faire tomber les détachements engagés dans les montagnes et de leur faire mettre bas les armes. On devait peu craindre l'attachement des Savoyards pour les Français ; car les assignats et les réquisitions ne leur avaient fait connaître de la liberté que ses dépenses et ses rigueurs. Le duc de Montferrat, chargé de l'expédition, ne prit avec lui que 20 à 25.000 hommes, jeta un corps à sa droite dans la vallée de Sallenche, descendit avec son corps principal dans la Tarentaise, et laissa le général Gordon parcourir la Maurienne avec l'aile gauche. Son mouvement, commencé le 14 août, dura jusqu'en septembre, tant il mit de lenteur. Les Français, quoique très inférieurs en nombre, opposèrent une résistance très énergique et firent durer la retraite pendant plusieurs jours. Arrivé à Moutiers, le duc de Montferrat chercha à se lier avec Gordon, sur la chaîne du Grand-Loup, qui sépare les deux vallées de la Tarentaise et de la Maurienne, et ne songea nullement à marcher rapidement sur Conflans, point de réunion des vallées. Cette lenteur et ces 25.000 hommes prouvent assez s'il avait envie d'aller à Lyon.

Pendant ce temps, Kellermann, accouru de Grenoble, avait fait lever les gardes nationales de l'Isère et des départements environnants. Il avait ranimé les Savoyards qui commençaient à craindre les vengeances du gouvernement piémontais, et il était parvenu à réunir à peu près 12.000 hommes. Alors, il fit renforcer le corps de la vallée de Sallenche et se porta vers Conflans à l'issue des deux vallées de Tarentaise et de Maurienne. C'était vers le 10 septembre. Dans ce moment, l'ordre de marcher en avant arrivait au duc de Montferrat. Mais Kellermann prévint les Piémontais, osa les attaquer dans la position d'Espierre qu'il avait prise sur la chaîne du Grand-Loup afin de communiquer entre les deux vallées. Ne pouvant aborder cette position de front il la fit tourner par un corps détaché. Ce corps, formé de soldats à moitié nus, fit pourtant des efforts héroïques, et à force de bras éleva des canons sur des hauteurs presque inaccessibles. Tout à coup l'artillerie française tonna inopinément sur la tête des Piémontais, qui en furent épouvantés. Gordon se retira aussitôt dans la vallée de Maurienne sur Saint-Michel; le duc de Montferrat se reporta au milieu de la vallée de Tarentaise. Kellermann, ayant fait inquiéter celui-ci sur les flancs, l'obligea bientôt à remonter jusqu'à Saint-Maurice et à Saint-Germain, et enfin il le rejeta, le 4 octobre, au-delà des Alpes. Le prince de Montferrat ayant évacué la ville de Moutiers, le général Kellermann en prit aussitôt après possession.

BOULANGER, pinx.

ENTRÉE DE L'ARMÉE FRANÇAISE A MOUTIERS
(4 octobre 1793).

GILLETTE & TOULON

L'armée d'Italie n'avait rien entrepris de bien important depuis le mois de juin 1793 ; elle s'était contentée de rester sur la défensive. En septembre, les Piémontais, voyant Toulon attaqué par les Anglais, songèrent enfin à profiter de cette circonstance, qui pouvait amener la perte de l'armée française. Le roi de Sardaigne se rendit lui-même sur le théâtre de la guerre, et une attaque générale du camp français fut résolue pour le 8 septembre. La manière la plus sûre d'opérer contre les Français eût été d'occuper la ligne du Var, qui séparait Nice de leur territoire. On aurait ainsi fait tomber toutes les positions qu'ils avaient prises au delà du Var, on les aurait obligés d'évacuer le comté de Nice et peut-être même de mettre bas les armes. On aima mieux attaquer immédiatement leur camp. Cette attaque exécutée avec des corps détachés, et par diverses vallées à la fois, ne réussit pas ; et le roi de Sardaigne, peu satisfait, se retira aussitôt dans ses États.

Octobre arriva. 8.000 Austro-Sardes, aux ordres du général de Wins, venaient de descendre par la vallée de la Blure sur Gillette et le Broc. Le général Dugommier, qui commandait les troupes dans cette partie, avait son quartier général à Utelle. Le but du général ennemi, en s'emparant de ces deux postes, surtout celui de Gillette, était d'y former des magasins et d'en faire la base de ses opérations ultérieures. Étant maître de passer le Var à volonté, il pouvait se porter sur les derrières du corps français, occupant le comté de Nice, faire une pointe en France et couper les communications avec l'intérieur. Gillette fut donc occupé par 4.000 Autrichiens, Croates et Piémontais, et 6 pièces de canon. Dugommier, à la nouvelle de cette invasion, prend avec lui 300 chasseurs et grenadiers, confie la défense d'Utelle à l'adjudant-général Despinois et fait passer l'ordre au chef de bataillon Martin de marcher de Broc sur Gillette. Martin surprend l'ennemi dans le village de la Roque, qu'il était occupé à piller, l'en chasse, et délivre une compagnie de son bataillon qui s'était retranchée dans un vieux château auprès du village, quand les Austro-Sardes s'étaient présentés pour s'emparer de ce village.

Quatre-vingt-huit Autrichiens furent faits prisonniers dans cette attaque partielle. Dugommier, qui venait de faire une marche de sept lieues pendant la nuit, et qui, chemin faisant, avait réuni tous les détachements qui se trouvaient sur son passage ou à proximité, se trouve en présence de l'ennemi le 19 octobre, au point du jour. Il n'avait pas mille hommes sous ses ordres, mais cette grande infériorité ne l'arrête point. Il attaque avec la plus grande impétuosité et culbute les Austro-Sardes qui le croyaient bien éloigné. Tout cède à ce choc aussi vigoureux qu'imprévu. Gillette est évacué ; l'artillerie, les munitions, les tentes du corps d'armée du général de Wins restent au pouvoir des Français ; 800 morts, 700 prisonniers, sont le résultat du combat ; la province est garantie d'une invasion, et la sûreté des troupes françaises dans le comté de Nice n'est point compromise.

Un intérêt plus grave attirait l'attention sur Toulon. Cette place, occupée par les Anglais et les Espagnols, leur assurait un pied-à-terre dans le Midi, et une base pour tenter une invasion. Il importait donc à la France de la recouvrer au plus tôt. Le Comité avait donné à cet égard les ordres les plus pressants, mais les moyens de siège manquaient entièrement.

Carteaux, après avoir soumis Marseille, avait débouché avec 7 ou 8.000 hommes, par les gorges d'Ollioules, s'en était emparé après un léger combat, et s'était établi au débouché même de ces gorges, en vue de Toulon. Le général Lapoype, détaché de l'armée d'Italie, avec 4.000 hommes environ, s'était rangé sur le côté opposé vers

Sollies et Lavalette. Les deux corps français ainsi placés, l'un au levant, l'autre au couchant, étaient si éloignés qu'ils s'apercevaient à peine et ne pouvaient se prêter aucun secours. Les assiégés, avec un peu plus d'activité, auraient pu les attaquer isolément et les accabler l'un après l'autre.

Rouget, *pinx.*

Dugommier

Heureusement, ils ne songèrent qu'à fortifier la place et à la garnir de troupes. Ils firent débarquer 8.000 Espagnols, Napolitains et Piémontais, deux régiments anglais venus de Gibraltar et portèrent la garnison à 14 ou 15.000 hommes. Ils perfectionnèrent toutes les défenses, armèrent tous les forts, surtout ceux de la côte qui protégeaient la rade où leurs escadres étaient au mouillage. Ils s'attachèrent particulièrement à rendre inaccessible le fort de l'Eguillette, placé à l'extrémité du promontoire qui ferme la rade intérieure ou petite rade.

Ils en rendirent l'abord tellement difficile qu'on l'appelait dans l'armée le petit Gibraltar. Les Marseillais et tous les Provençaux qui s'étaient réfugiés dans Toulon s'employèrent eux-mêmes aux ouvrages et déployèrent le plus grand zèle. Cependant l'union ne pouvait durer dans l'intérieur de la place. Les coalisés n'étaient pas d'accord. Les Espagnols étaient offensés de la supériorité qu'affectaient les Anglais et se défiaient de leurs intentions. L'amiral Hood, profitant de cette désunion, dit que, puisque l'on ne pouvait s'entendre, il fallait pour le moment ne proclamer aucune autorité. Dès cet instant, on pouvait entrevoir la conduite des Anglais.

Les Français ne pouvaient pas espérer, avec leurs moyens actuels, de reprendre Toulon. Les représentants conseillaient même de replier l'armée au-delà de la Durance et d'attendre la saison suivante. Cependant, la prise de Lyon ayant permis de prendre de nouvelles forces, on achemina vers Toulon des troupes et du matériel. Le général Doppet, auquel on attribuait la prise de Lyon, fut chargé de remplacer Carteaux; bientôt Doppet lui-même fut remplacé par Dugommier, qui était beaucoup plus expérimenté et fort brave. 28 à 30.000 hommes furent réunis et l'on donna ordre d'achever le siège avant la fin de la campagne.

On commença à serrer la place de près, et par établir des batteries contre les forts. Le général Lapoype était toujours au levant, et le général en chef Dugommier au couchant, en avant d'Ollioules. Ce dernier était chargé de la principale attaque. Le Comité de Salut public avait fait diriger par le comité des fortifications un plan d'attaque régulière. Le général assembla un conseil de guerre pour discuter le plan envoyé de Paris. Ce plan était fort bien conçu, mais il s'en présentait un autre plus convenable aux circonstances, et qui devait avoir des résultats plus prompts.

Siméon Fort, pinx.

SIÈGE DE TOULON
(8 octobre 1794)
INVESTISSEMENT DE LA PLACE.

Dans le conseil de guerre se trouvait un jeune officier qui commandait l'artillerie en l'absence du chef de cette arme. Il se nommait Bonaparte et était originaire de Corse. Fidèle à la France, au sein de laquelle il avait été élevé, il s'était battu en Corse pour la cause de la Convention contre Paoli et les Anglais. Il s'était rendu ensuite à l'armée d'Italie et servait devant Toulon. Il montrait une grande intelligence, une extrême activité, et couchait à côté de ses canons. Ce jeune officier, à l'aspect de la place, fut frappé d'une idée, et la proposa au conseil de guerre. Le fort de l'Eguillette, surnommé le petit Gibraltar, fermait la rade où mouillaient les escadres coalisées ; ce fort occupé, les escadres ne pouvaient plus y mouiller sans s'exposer à être brûlées ; elles ne pouvaient pas non plus l'évacuer en y laissant une garnison de 15.000 hommes sans communications, sans secours, et tôt ou tard exposée à mettre bas les armes. Il était donc infiniment présumable que, le fort de l'Eguillette une fois en possession des républicains, les escadres et la garnison évacueraient ensemble Toulon. Ainsi la clef de la place était au fort de l'Eguillette ; mais ce fort était presque imprenable. Le jeune Bonaparte soutint fortement son idée et réussit à la faire adopter.

On commença par serrer la place. Bonaparte, à la faveur de quelques oliviers qui cachaient ses artilleurs, fit placer une batterie très près du fort Malbosquet, l'un des plus importants parmi ceux qui environnaient Toulon. Un matin, cette batterie éclata à l'improviste et surprit les assiégés qui ne croyaient pas qu'on pût établir une batterie si près du fort.

Le général anglais O'Hara, qui commandait la garnison, résolut de faire une sortie pour détruire la batterie et enclouer les canons. Le 30 novembre, il se mit à la tête de 6.000 hommes, pénétra soudainement à travers les postes républicains, s'empara de la batterie et commença aussitôt à enclouer les pièces. Heureusement, le jeune Bonaparte se trouvait non loin de là avec un bataillon. Un boyau conduisait à la batterie. Bonaparte s'y jeta avec son bataillon, se porta sans bruit au milieu des Anglais, puis tout à coup ordonna le feu, et les jeta, par cette subite apparition, dans la plus grande surprise. Le général O'Hara, étonné, crut que ses soldats se trompaient et faisaient feu les uns sur les autres. Il s'avança alors vers les républicains pour s'en assurer, mais il fut blessé à la main et pris dans le boyau même par un sergent. Au même instant, Dugommier, qui avait fait battre la générale au camp, ramenait ses soldats à l'attaque, et se portait entre la batterie et la place. Les Anglais, menacés d'être coupés, se retirèrent après avoir perdu leur général, et sans avoir pu se délivrer de cette dangereuse batterie.

Ce succès anima singulièrement les assiégeants et jeta beaucoup de découragement parmi les assiégés. La défiance était si grande chez ces derniers, qu'ils disaient que le général O'Hara s'était fait prendre pour vendre Toulon aux républicains. Cependant les républicains, qui voulaient conquérir la place, et qui n'avaient pas les moyens de l'acheter, se préparaient à l'attaque si périlleuse de l'Eguillette. Ils y avaient déjà jeté un grand nombre de bombes, et tâchaient d'en raser la défense avec des pièces de 24. Le 18 décembre, l'assaut fut résolu pour minuit. Une attaque simultanée devait avoir lieu du côté du général Lapoype sur le fort Faron. A minuit, et par un orage épouvantable, les républicains s'ébranlent. Les soldats qui gardaient le fort se tenaient ordinairement en arrière pour se mettre à l'abri des bombes et des boulets. Les Français espéraient y arriver avant d'avoir été aperçus; mais, au pied de la hauteur, ils trouvent des tirailleurs ennemis. Le combat s'engage. Au bruit de la mousqueterie, la garnison du fort arrive sur les remparts et foudroie les assaillants. Ceux-ci reculent et reviennent tour à tour. Un jeune capitaine d'artillerie, nommé Muison, profite des inégalités de terrain et réussit à gravir la hauteur sans avoir perdu beaucoup de monde. Arrivé au pied du fort, il s'élance par une embrasure; les soldats le suivent, pénètrent dans la batterie, s'emparent des canons et bientôt du fort lui-même.

Dans cette action, le général Dugommier, les représentants Sali-

Combat de Gillette
(19 octobre 1793).

cetti et Robespierre jeune, le commandant d'artillerie Bonaparte avaient été présents au feu et avaient communiqué aux troupes le plus grand courage. Du côté du général Lapoype, l'attaque ne fut pas moins heureuse, et une des redoutes du fort Faron fut emportée.

Dès que le fort de l'Eguillette fut occupé, les républicains se hâtèrent de disposer les canons, de manière à foudroyer la flotte. Mais les Anglais ne leur en laissèrent pas le temps. Ils se décidèrent sur-le-champ à évacuer la place, pour ne pas courir plus longtemps les chances d'une défense difficile et périlleuse. Avant de se retirer, ils résolurent de brûler l'arsenal, les chantiers et les vaisseaux qu'ils ne pouvaient pas prendre. Le 18 et le 19, sans prévenir l'amiral espagnol, les ordres furent donnés pour l'évacuation. Chaque vaisseau anglais vint à son tour s'approvisionner à l'arsenal. Les forts furent ensuite tous évacués, excepté le fort Lamalgue, qui devait être le dernier abandonné. Cette évacuation se fit même si vite, que 2.000 Espagnols, prévenus trop tard, restèrent hors des murs et ne se sauvèrent que par miracle.

Enfin, on donna l'ordre d'incendier l'arsenal. Vingt vaisseaux ou frégates parurent tout à coup en flammes au milieu de la rade, et excitèrent le désespoir chez les malheureux habitants, et l'indignation chez les Républicains, qui voyaient brûler l'escadre sans pouvoir la sauver. Aussitôt, plus de 20.000 individus, hommes, femmes, vieillards, enfants, portant ce qu'ils avaient de plus précieux, vinrent sur les quais, tendant les mains vers les escadres, et implorant un asile pour se soustraire à l'armée victorieuse. Pas une seule chaloupe ne se montrait en mer pour secourir ces infortunés. Cependant, l'amiral Langara, plus humain, ordonna de mettre les canots à la mer, et de recevoir sur l'escadre espagnole tous les réfugiés qu'elle pourrait contenir. L'amiral Hood n'osa pas résister à cet exemple et aux imprécations qu'on vomissait contre lui. Il ordonna à son tour, mais fort tard, de recevoir les Toulonnais. Ces malheureux se précipitaient avec fureur dans les chaloupes. Dans cette confusion, quelques-uns tombaient à la mer, d'autres étaient séparés de leurs familles.

On voyait des mères cherchant leurs enfants, des épouses, des filles, cherchant leurs maris ou leurs pères, et errant sur ces quais aux lueurs de l'incendie. Dans ce moment terrible, des brigands, profitant du désordre pour aller piller, se jettent sur les malheureux accumulés le long des quais, et font feu, en criant : « Voici les Républicains ! » La terreur, alors, s'empare de cette foule ; elle se précipite, se mêle et, pressée de fuir, elle abandonne ses dépouilles aux brigands, auteurs de ce stratagème.

Enfin, les Républicains entrèrent et trouvèrent la ville à moitié déserte et une grande partie du matériel détruit. Heureusement, les forçats avaient éteint l'incendie et empêché qu'il ne se propageât. De 56 vaisseaux ou frégates, il ne restait que 7 vaisseaux et 11 frégates, le reste avait été pris ou brûlé par les Anglais.

La prise de Toulon causa une joie extraordinaire et produisit autant d'impression que la victoire de Wattignies, la prise de Lyon et le déblocus de Landau. Dès lors, on n'avait plus à craindre que les Anglais, s'appuyant sur Toulon, vinssent apporter dans le Midi le ravage et la révolte.

COMBAT DE WŒRTH

Hoche, nommé au commandement de l'armée du Rhin, fut accompagné par les représentants Lebas et Saint-Just. Brunswick s'était porté au centre des Vosges, et Wurmser sous les murs de Strasbourg. Les Prussiens, pour assurer leur position, avaient voulu enlever par une surprise le château de Bitche. Cette tentative fut déjouée par la vigilance de la garnison qui accourut à temps sur les remparts; et Brunswick se retira d'abord à Birsingen, sur la ligne de l'Erbach, puis à Kaiserslautern au centre des Vosges.

Hoche avait suivi Brunswick de très près dans son mouvement rétrograde et, après avoir vainement essayé de l'entourer à Birsingen, il forma le projet de l'attaquer à Kaiserslautern, quelque grande que fût la difficulté des lieux. Hoche avait environ 30.000 hommes; il se battit les 28, 29 et 30 novembre, mais les positions étaient peu connues et peu praticables. Le premier jour, le général Ambert qui commandait la gauche se trouva engagé tandis que Hoche, au centre, cherchait sa route. Le jour suivant, Hoche se trouvait seul en présence de l'ennemi, tandis qu'Ambert s'égarait dans les montagnes. Grâce à sa force et à l'avantage de sa position, Brunswick eut un succès complet. Il ne perdit qu'environ 1.200 hommes. Hoche fut obligé de se retirer avec une perte d'environ 3.000 hommes; mais il n'en fut pas découragé et vint se rallier à Pirmasens, Hornbach et Deux-Ponts. Il forma aussitôt le projet de se joindre à l'armée du Rhin, pour accabler Wurmser. Celui-ci, qui était resté en Alsace tandis que Brunswick rétrogradait jusqu'à Kaiserslautern, avait son flanc droit découvert. Hoche dirigea le général Taponnier sur Wœrth avec 12.000 hommes, pour percer la ligne des Vosges et se jeter sur le flanc de Wurmser, tandis que l'armée du Rhin ferait sur son front une attaque générale.

Le corps envoyé dans les Vosges par Hoche eut beaucoup de difficultés à vaincre pour y arriver, mais il y réussit enfin et inquiéta sérieusement la droite de Wurmser. Le 22 décembre, Hoche marcha lui-même à travers les montagnes, et parut à Wœrth, sur le sommet du versant oriental. Il accabla la droite de Wurmser, lui prit beaucoup de canons, lui fit un grand nombre de prisonniers.

Immédiatement après ce premier succès dans les gorges, les armées de la Moselle et du Rhin s'avancèrent de concert contre Wurmser, qui, déjà débordé sur la Surbach, prit le parti de se retirer, le 24, derrière Wissembourg, où il fut suivi pied à pied.

Les deux armées du Rhin et de la Moselle venaient d'être réunies et mises sous le commandement de Hoche. Il se disposa sur-le-champ à reprendre Wissembourg. Il marcha à la rencontre de l'ennemi, sur trois colonnes ; la droite de l'armée du Rhin aux ordres de Desaix assaillit Lauterbourg et l'emporta ; la division Michaud se dirigea sur Schleithal ; celles de Ferino, Hatry et Taponnier, réunies au centre, marchèrent sur le Geisberg et Wissembourg, tandis que les divisions de l'armée de la Moselle durent tourner la droite des Prussiens par les gorges des Vosges.

L'occupation instantanée de Wissembourg pouvait être désastreuse pour les coalisés, et elle était imminente. Mais le duc de Brunswick, qui était au Pigeonnier, accourut sur ce point, prit avec lui une brigade prussienne et, rejoignant d'une course rapide les huit bataillons autrichiens de Wartensleben, revint avec eux contre les hauteurs de Roth. La division Hatry ne peut résister au premier choc et cède un moment à l'impétuosité de Brunswick. Hoche y conduit à son tour les brigades de Lefebvre et de Taponnier. Brunswick se replie sur Wissembourg sous la protection de l'arrière-garde. Toute la ligne ennemie fut enfoncée. Hoche, Ferino et Taponnier entrèrent dans Wissembourg, et la forteresse fut débloquée le 28 décembre.

COMBAT DE WŒRTH
(22 décembre 1793).

A MONTEILLA & AU CAMP DE BOULOU

Suivant l'expression de l'illustre Anglais Fox, la campagne des armées françaises en 1794 est « sans exemple dans les annales du monde ».

L'Angleterre et le ministre Pitt firent un effort suprême, inouï, pour terrasser la France, l'ennemi commun, principal obstacle à l'établissement de la suprématie britannique sur les Océans. « L'or anglais » ruissela sur le continent. Les défaillants se ranimèrent. Rien que de la mer du Nord au Rhin, 300.000 coalisés se ruèrent à l'assaut contre 200.000 français.

Les coalisés possédaient toujours, dans les Pays-Bas, 150.000 hommes, Autrichiens, Allemands, Hollandais et Anglais. 25 ou 30.000 Autrichiens étaient à Luxembourg ; 60.000 Prussiens et Saxons aux environs de Mayence. 50.000 Autrichiens bordaient le Rhin, de de Manheim à Bâle. L'armée piémontaise était toujours de 40.000 hommes et de 7 ou 8.000 Autrichiens auxiliaires. L'Espagne avait fait quelques recrues pour recomposer ses bataillons ; mais son armée n'était pas plus considérable que l'année précédente, et se bornait toujours à une soixantaine de mille hommes répartis entre les Pyrénées occidentales et orientales.

La campagne s'ouvrit d'abord sur les Pyrénées.

Après le combat de Peyrestortes où Dagobert avait montré tant de bravoure et de sang-froid, Ricardos, au lieu de marcher en avant, avait rétrogradé au contraire sur le Tech. La reprise de Villefranche et un renfort de 15.000 hommes arrivé aux Français l'avaient décidé à ce mouvement rétrograde. Après avoir levé le blocus de Collioure et de Port-Vendres, il s'était porté au camp de Boulou entre

Céret et Ville-Longue, et veillait de là à ses communications, en gardant la grande route de Bellegarde. Les représentants Fabre et Gaston, pleins de fougue, voulurent faire attaquer le camp des Espagnols, afin de les rejeter au-delà des Pyrénées ; mais l'attaque fut infructueuse et n'aboutit qu'à une inutile effusion de sang.

Le représentant Fabre, impatient de tenter une entreprise importante, rêvait, depuis longtemps, une marche au-delà des Pyrénées pour forcer les Espagnols à rétrograder. On lui avait persuadé que le fort de Roses pouvait être enlevé par un coup de main. D'après son vœu, et malgré l'avis contraire du général, trois colonnes furent mises en mouvement pour se réunir à Espola. Mais, trop faibles, trop désunies, elles ne purent se joindre, furent battues et ramenées sur la grande chaîne après une perte considérable. Ceci s'était passé en octobre 1793 ; en novembre, des orages peu ordinaires pour la saison grossirent les torrents, interrompirent les communications des divers camps espagnols entre eux, et les mirent dans le plus grand péril. C'était le cas de se venger sur les Espagnols des revers qu'on avait essuyés. Il ne leur restait que le pont de Céret pour repasser le Tech, et ils demeuraient inondés et affamés sur la rive gauche, à la merci des Français. Mais rien de ce qu'il fallait faire ne fut exécuté. Au général Dagobert avait succédé le général Turreau, à celui-ci le général Doppet. L'armée était désorganisée. On se battit mollement aux environs de Céret, on perdit même le camp de Saint-Ferréol, et Ricardos échappa ainsi aux dangers de sa position. Bientôt il se vengea plus habilement du danger où il s'était trouvé et fondit, le 7 novembre, sur une colonne française qui s'était engagée à Ville-Longue sur la rive droite du Tech, entre le fleuve, la mer et les Pyrénées. Il défit cette colonne et la jeta dans un tel désordre qu'elle ne put se rallier qu'à Argelès. Immédiatement après, Ricardos fit attaquer la division Delattre à Collioure, s'empara de Collioure, de Port-Vendres et de Saint-Elme et nous rejeta entièrement au-delà du Tech. La campagne se trouva ainsi terminée vers les derniers jours de décembre. Les

Renoux, pinx.

COMBAT DE MONTEILLA
(10 avril 1794).

Espagnols prirent leurs quartiers d'hiver sur les bords du Tech ; les Français campèrent autour de Perpignan et sur les rives de la Têt.

En ce moment, l'armée des Pyrénées-Orientales s'élevait à moins de 35.000 hommes tous malades, dit Jomini, dans les cantonnements ou dans les hôpitaux : Dugommier, qui la commandait en chef, employa tout l'hiver à la réorganiser.

Dès le 27 mars 1794 il ouvrit la campagne. L'armée fit un mouvement général pour attaquer l'armée espagnole. La droite, aux ordres du général Augereau, vint s'établir au Monestier et à Mas-d'Eu, poussant ses chasseurs à Pulla, Fourques et Villemolac. Le centre, commandé par le général Pérignon, s'étendit des cabanes du Réart, près de la grande route jusqu'au mamelon qui commande Brouillas, ayant sa réserve, sous le général Victor Perrin, près de Bayde. Le général Sauret, à la gauche, jeta six bataillons à Ortaffa, et se tint prêt à passer le Tech au premier ordre.

Le corps de la Cerdagne ne devait faire aucun mouvement ; mais Dagobert, qui s'indignait de l'inaction, se porta en trois colonnes avec environ 6.000 hommes sur Monteilla, y battit le comte de Saint-Hilaire, le poussa jusqu'à Castel-Ciudad, lui prit 7 pièces de canon, imposa cent mille francs de contribution à la Seu-d'Urgel et, ne pouvant, faute d'artillerie, en assiéger la citadelle, revint chargé de butin à Puycerda. Une fièvre maligne l'y emporta peu de jours après, à la soixante-seizième année de son âge, craint de l'ennemi, chéri de ses soldats, estimé du général en chef dont il avait toute la confiance.

Le général Pérignon avait passé le Tech dans la nuit du 29 au 30 avril. D'après les ordres du général en chef Dugommier, il devait tourner le camp de Boulou, s'emparer de toutes les routes et venir ensuite occuper le pont de Céret pour couper la retraite à l'ennemi. Mais le comte de la Union, récemment appelé au commandement de l'armée espagnole, y était arrivé dans cette même nuit. Informé de la marche des Français et reconnaissant la fausse position de son camp, il avait aussitôt ordonné la retraite. Il fut prévenu par la prompte décision du général français.

Pérignon attaque le camp à la pointe du jour et enlève à l'ennemi, malgré sa résistance, presque toutes ses positions. L'ensemble et la rapidité des mouvements de l'armée française portent le trouble et le désordre dans les rangs espagnols.

Cependant, ces malheurs étaient réparables, lorsque le général Augereau, prévenu du trouble et de la détresse des Espagnols, ayant assailli les ouvrages du pont de Céret, l'ouvrit à la cavalerie de Labarre qui le traversa au trot, pour se porter sur la colonne d'artillerie attaquée par le général Renel dans le défilé de Maureillas. Le combat ne fut pas long; quelques volées d'artillerie légère dissipèrent l'escorte. 140 pièces de canon, 800 mulets, tous les bagages de l'armée, des effets de campement pour 20.000 hommes, 1.500 prisonniers furent l'effet de cette victoire qui ne coûta pas 1.000 hommes aux Français.

Ce combat heureux, livré au milieu de mai 1794, nous rendit le Tech, et nous porta au-delà des Pyrénées. Dugommier bloqua aussi Collioure, Port-Vendres et Saint-Elme, pour les reprendre plus tard aux Espagnols.

Rien n'était plus brillant que notre début aux Pyrénées-Orientales ; du côté des Pyrénées-Occidentales, nous enlevâmes la vallée de Bassan, et ces triomphes sur les Espagnols que nous n'avions pas encore vaincus jusqu'alors excitèrent une joie universelle.

Renoux, pinx.

PRISE DU CAMP DE BOULOU
(1ᵉʳ mai 1794).

PRISE DU PETIT SAINT-BERNARD

Vers la Savoie, nous avions, l'année précédente, rejeté les Piémontais dans les vallées du Piémont; mais il nous restait à prendre les postes du petit Saint-Bernard et du Mont-Cenis. Du côté de Nice, l'armée d'Italie campait toujours en présence de Saorgio, sans pouvoir forcer ce formidable camp des Fourches. Le général Dugommier avait été remplacé par le vieux Dumerbion, qui heureusement se laissait entièrement diriger par le jeune Bonaparte, récemment nommé général de brigade. Celui-ci, après avoir observé les positions ennemies et reconnu l'impossibilité d'enlever le camp des Fourches, fut frappé d'une idée aussi heureuse que celle qui rendit Toulon à la République. Saorgio est placé dans la vallée de la Roya. Parallèlement à cette vallée se trouve celle d'Oneille, dans laquelle coule la Taggia. Bonaparte imagina de jeter une division de 15.000 hommes dans la vallée d'Oneille, de faire remonter cette division jusqu'aux sources du Tanaro, de la porter ensuite jusqu'au mont Tanarello, qui borde la Roya supérieure, et d'intercepter ainsi la chaussée de Saorgio entre le camp des Fourches et le col de Tende. Par ce moyen, le camp des Fourches, isolé des grandes Alpes, tombait nécessairement. Il y avait, en outre, un grand avantage à étendre la droite de l'armée d'Italie jusqu'à Oneille : on pouvait, par là, couvrir une partie de la rivière de Gênes, chasser les corsaires du petit port d'Oneille, où ils se réfugiaient habituellement, et assurer ainsi le commerce de Gênes avec le Midi de la France. Ce commerce, qui se faisait par le cabotage, était fort troublé par les corsaires et les escadres anglaises, et il importait de le protéger, parce qu'il contribuait à alimenter le Midi en grains.

Le 6 avril, une division de 14.000 hommes, partagée en cinq brigades, passa la Roya. Le général Masséna se porta sur le mont Tanardo, et Bonaparte avec trois brigades se dirigea sur Oneille, en chassa une division autrichienne, et y fit son entrée. Il trouva dans Oneille 12 pièces de canon et purgea le port de tous les corsaires qui infestaient ces parages. Tandis que Masséna remontait du Tanardo jusqu'à Tanarello, Bonaparte continua son mouvement et marcha d'Oneille jusqu'à Orméa dans la vallée du Tanaro. Il y entra le 15 avril, et y trouva quelques fusils, 20 pièces de canon, et des magasins pleins de draps pour l'habillement des troupes. Dès que les brigades françaises furent réunies dans la vallée du Tanaro, elles se portèrent vers la haute Roya, pour exécuter le mouvement prescrit sur la gauche des Piémontais. Le général Dumerbion attaqua de front les positions des Piémontais, pendant que Masséna arrivait sur leurs flancs et sur leurs derrières. Après plusieurs actions assez vives les Piémontais abandonnèrent le col de Tende pour se réfugier à Limone, au-delà de la grande Chaîne. Tandis que ces choses se passaient dans la vallée de la Roya, les vallées de la Tinéa et de la Vésubia étaient balayées par la gauche de l'armée d'Italie; et, bientôt après, l'armée des grandes Alpes, piquée d'émulation, prit de vive force le Saint-Bernard et le Mont-Cenis. Ainsi, dès le commencement de mai 1794, nous étions victorieux sur toute la chaîne des Alpes, et nous l'occupions depuis les premiers mamelons de l'Apennin jusqu'au Mont-Blanc. Notre droite, appuyée à Orméa, s'étendait jusqu'aux portes de Gênes, couvrait une grande partie de la rivière du Ponant, et mettait ainsi le commerce à l'abri des pirateries. Nous avions pris 3 ou 4.000 prisonniers, 50 ou 60 pièces de canon, beaucoup d'effets d'équipement et deux places fortes.

PRISE DU PETIT SAINT-BERNARD
(24 avril 1794).

COMBATS D'ARLON & DE MOUSCRON

C'est dans les Pyrénées que commencèrent les hostilités pour la campagne de 1794 ; mais c'est au Nord que l'on se proposait de nous porter les coups les plus décisifs, en s'appuyant sur Condé, Valenciennes et le Quesnoy. Le célèbre Mack avait rédigé à Londres un plan duquel on espérait un grand résultat. Cette fois, le tacticien allemand, se montrant un peu plus hardi, avait fait entrer dans son projet une marche sur Paris. Malheureusement, il était trop tard pour déployer de la hardiesse, car les Français ne pouvaient plus être surpris et leurs forces étaient immenses. Le plan consistait à prendre encore une place, celle de Landrecies, de se grouper en force sur ce point, d'amener les Prussiens des Vosges sur la Sambre, et de marcher en avant en laissant deux corps sur les ailes, l'un en Flandre, l'autre sur la Sambre. En même temps, lord Moira devait débarquer des troupes dans la Vendée et aggraver nos dangers par une double marche sur Paris.

Prendre Landrecies quand on avait Valenciennes, Condé, le Quesnoy, était un soin puéril, dit fort bien Thiers ; couvrir ses communications vers la Sambre était fort sage ; mais placer un corps pour garder la Flandre était fort inutile, quand il s'agissait de former une masse puissante d'invasion : amener les Prussiens sur la Sambre était fort douteux ; enfin, la diversion dans la Vendée était depuis un an devenue impossible, car la grande Vendée avait péri.

Nous avions toujours nos principales forces vers Lille et Maubeuge. Pichegru avait remplacé Hoche comme général en chef. Cobourg commandait en chef les coalisés. L'empereur d'Allemagne s'était rendu en personne dans les Pays-Bas pour exciter son armée, et surtout pour terminer, par sa présence, les divisions qui s'élevaient à chaque instant entre les généraux alliés. Cobourg réunit une masse d'environ 100.000 hommes, dans les plaines du Cateau, pour bloquer Landrecies. C'était là, venons-nous de voir, le premier acte par lequel les coalisés voulaient débuter, en attendant qu'ils puissent obtenir des Prussiens la marche de la Moselle sur la Sambre.

D'après le plan conçu pour la campagne de 1794, Jourdan, qui avait reçu le commandement de l'armée de la Moselle, devait se porter avec un corps de troupes en avant de Longwy, pour intercepter les communications de Namur et de Liège avec le Luxembourg.

Le général Hatry réunit, le 14 avril, les divisions Lefebvre, Morlot et Championnet, formant environ 20.000 hommes, et se dirigea, le lendemain, en deux colonnes vers Arlon. L'avant-garde, conduite par Lefebvre, ayant rencontré l'ennemi au pont d'Aubange, le culbuta, et, entraînée par trop d'ardeur, le poursuivit contre ses instructions jusqu'au-delà des hauteurs de Bubange, où elle se trouva seule en présence du corps de Beaulieu. Une vive canonnade s'engagea ; et Jourdan, qui n'en attendait aucun résultat, fit replier Lefebvre sur ces hauteurs. Beaulieu, renforcé de quelques bataillons de la garnison de Luxembourg, s'était établi, la droite sur les hauteurs de Tornich, le centre sur celles d'Arlon, la gauche en arrière du ruisseau de Nieder-Elter.

Le 17, Championnet marcha sur Tornich ; Lefebvre attaqua Sessling et Weyler, tandis que Morlot, après avoir nettoyé le bois d'Ober-Elter, se portait sur la route de Luxembourg. Le général Championnet s'étant emparé des hauteurs de Tornich qui plongeaient toute la position, et Morlot menaçant sa gauche, Beaulieu prit le parti de la retraite, qu'il n'effectua pourtant pas sans perte, étant obligé de défiler sous le feu de l'artillerie française.

On résolut ensuite une nouvelle attaque, mais générale, au centre et sur les deux ailes. La division Desjardins, qui était sur Maubeuge, devait faire un mouvement pour se réunir à la division Charbonnier,

Despinassy, pinx.

Combat d'Arlon
(17 avril 1794).

qui venait des Ardennes. Au centre, sept colonnes devaient agir à la fois et concentriquement, sur toute la masse ennemie groupée autour de Landrecies. Enfin, à a gauche, Souham et Moreau, partant de Lille avec deux divisions, formant en tout 50.000 hommes, avaient ordre de s'avancer en Flandre et d'enlever, sous les yeux de Clerfayt, Menin et Courtray.

La gauche de l'armée française opéra sans obstacles, car le prince de Kaunitz, avec la division qu'il avait sur la Sambre, ne pouvait empêcher la jonction de Charbonnier et de Desjardins. Les colonnes du centre s'ébranlèrent le 26 avril 1794, et marchèrent de sept points différents sur l'armée autrichienne. Ce système d'attaques simultanées et décousues, qui nous avait si mal réussi l'année précédente, ne nous réussit pas mieux cette fois. Ces colonnes, trop séparées les unes des autres, ne purent se soutenir et n'obtinrent sur aucun point un avantage décisif. L'une d'elles, celle du général Chappuis, fut même entièrement défaite. Ce général, parti de Cambray, se trouva opposé au duc d'York, qui, avons-nous dit, couvrait Landrecies de ce côté. Il éparpilla ses troupes sur divers points, et se trouva devant les positions retranchées de Trois-Villes avec des forces insuffisantes. Accablé par le feu des Anglais, chargé en flanc par la cavalerie, il fut mis en déroute, et sa division dispersée rentra pêle-mêle dans Cambray. Ces échecs provenaient moins de nos troupes que de la mauvaise conduite des opérations. Nos jeunes soldats, étonnés quelquefois d'un feu nouveau pour eux, étaient cependant faciles à conduire et à ramener à l'attaque, et ils déployaient souvent une ardeur et un enthousiasme extraordinaires.

Pendant qu'on faisait cette infructueuse tentative sur le centre, la diversion opérée en Flandre contre Clerfayt réussissait pleinement. Souham et Moreau étaient aussi partis de Lille et s'étaient portés à Menin et Courtray, le 26 avril. On sait que ces deux places sont situées à la suite l'une de l'autre sur la Lys. Moreau investit la première, Souham s'empara de la seconde. Clerfayt, trompé par la marche des Français, les cherchait où ils n'étaient pas. Bientôt, cependant, il apprit l'investissement de Menin et la prise de Courtray, et voulut essayer de nous faire rétrograder en menaçant nos communications avec Lille. Le 28 avril, en effet, il se porta à Mouscron avec 18.000 hommes, et vint s'exposer imprudemment aux coups de 50.000 Français, qui auraient pu l'écraser en se repliant. Moreau et Souham, ramenant aussitôt une partie de leurs troupes vers leurs communications menacées, marchèrent sur Mouscron et résolurent de livrer bataille à Clerfayt. Il était retranché sur une position à laquelle on ne pouvait parvenir que par cinq défilés étroits, défendus par une formidable artillerie. Le 29 avril, l'attaque fut ordonnée. Nos jeunes soldats, dont la plupart voyaient le feu pour la première fois, n'y résistèrent pas d'abord, mais les généraux et les officiers bravèrent tous les dangers pour les rallier ; ils y réussirent, et les positions furent enlevées. Clerfayt perdit 1.200 prisonniers, dont 84 officiers, 33 pièces de canon, 4 drapeaux et 500 fusils. C'était notre première victoire au nord, et elle releva singulièrement le courage de l'armée. Menin fut pris immédiatement après.

Combat de Mouscron
(20 avril 1794).

BATAILLE DE TOURCOING

Clerfayt, après l'échec qu'il avait essuyé à Mouscron, s'était rejeté dans la Flandre occidentale, entre la mer et la colonne française échelonnée de Lille à Courtray. Pressé de se réunir au duc d'York, qui était à Lamain devant Tournay, il vint subitement (10 mai) attaquer devant Courtray le général Vandamme qui couvrait cette ville avec sa brigade. Vandamme ne put soutenir le choc, et, s'étant enfermé dans la ville, il donna avis au général Souham de la situation critique où il se trouvait.

Souham, se mit aussitôt en marche dans la soirée pour revenir au secours de Vandamme, et reprit à cet effet son camp d'Aelbeck. Le 11 au matin, les brigades Malbrancq et Macdonald devaient se diriger vers Menin pour y passer la Lys, et tomber ensuite par Morseele sur le flanc droit et les derrières de l'ennemi. Les brigades Daendels et Dewinter retournèrent à Courtray où elles arrivèrent le 11 au matin.

Lorsqu'on eut achevé ces préparatifs, les troupes sortirent de Courtray, à trois heures après midi : la colonne déboucha à droite par la chaussée de Bruges, et Daendels à gauche par celle de Menin. Clerfayt avait pris une fort bonne position, ses ailes appuyées à chacune des chaussées. Ses avant-gardes disputèrent vivement les débouchés ; après un combat assez meurtrier, les colonnes françaises parvinrent toutefois à se former, particulièrement à la droite. Clerfayt fit avancer sa réserve : la cavalerie autrichienne exécuta une belle charge sur celle de Daendels, au moulin de Stampcott. On se battit jusqu'à dix heures du soir, et les Autrichiens profitèrent de la nuit pour se retirer sur Thielt. Ce combat, qui fit honneur aux deux partis, leur coûta près de 4.000 hommes.

L'armée du Nord, victorieuse à son aile gauche, avait été moins heureuse à la droite, et deux fois elle avait essayé vainement de passer la Sambre. La fortune restait donc indécise, lorsque, pour la fixer, on conçut dans l'état-major autrichien, ce fameux plan de destruction, qui avait pour but de couper l'armée française de Lille, de l'envelopper et de l'anéantir.

Pichegru avait alors quitté le gros de son armée pour se porter sur la Sambre, et réparer les échecs que son aile droite y avait essuyés. Ce fut Souham et Moreau qui, en son absence, eurent l'honneur de déconcerter le plan de destruction.

Le prince de Cobourg avait ordonné un mouvement concentrique de toutes les divisions de son armée sur Tourcoing; les généraux français résolurent de le devancer.

Par suite de leurs habiles dispositions, ils y réussirent. Le 18 mai au matin, Souham marcha vivement sur Tourcoing, culbuta tout sur son passage et s'empara de la position. De son côté, Bonnaud, marchant de Lille sur le duc d'York, le surprit étendu sur un trop large espace. Malgré une résistance acharnée, nos troupes renversèrent les ennemis; la déroute fut telle que le duc d'York ne dut son salut qu'à la vitesse de son cheval. L'empereur d'Allemagne, des hauteurs de Templeuve, vit son armée en fuite. Cette action nous valut plusieurs milliers de prisonniers, un matériel immense et le prestige d'une grande victoire, remportée par 70.000 hommes sur près de 100.000.

BATAILLE DE TOURCOING
(18 mai 1794).

COMBAT DE MARCHIENNES

L'armée des Ardennes, commandée par le général Charbonnier, avait reçu l'ordre de traverser la Sambre pour se diriger sur Mons et combiner ses mouvements avec ceux de l'armée du Nord, sous les ordres de Pichegru. Un premier passage fut tenté le 9 mai, inutilement et avec pertes.

Kléber et Marceau eussent voulu attendre la coopération de l'armée de la Moselle sous les ordres de Jourdan : mais l'inflexible volonté des commissaires de la Convention ne permettait pas les retards, et il fallut, quelques jours après, essayer un nouveau passage.

On forma une division d'avant-garde de neuf bataillons d'élite et de quatre régiments de cavalerie légère pour les deux armées, et l'on en confia le commandement au général Marceau, aidé par les généraux de brigade Duhesme et d'Hautpoul.

Le 26 mai, cette avant-garde, soutenue de la division Vézu, fut chargée d'attaquer le camp de la Tombe, au-dessus de Marchiennes-au-Pont, tandis que la division Mayer le tournerait par la route de Philippeville à Charleroi, et que celle de Fromentin, après avoir forcé le passage de la Sambre à Lernes, s'emparerait des hauteurs à gauche.

On marchait sur Charleroi, et il fallait déboucher d'un bois dans une plaine balayée par la mitraille et défendue par une forte ligne de cavalerie. Le général Duhesme, qui commandait l'avant-garde de la division, voyant les grenadiers hésiter, descend de cheval, prend le fusil d'un soldat, se met en ligne avec le premier peloton d'un bataillon serré en masse, et le mène ainsi, à travers une nuée de tirailleurs ennemis, jusqu'à une position d'où il pût protéger le débouché du reste de la colonne française. Le combat continua avec acharnement ; plusieurs bataillons furent rompus, ralliés de suite par le général Duhesme, qui seconda si bien Marceau dans cette journée.

Le lendemain, 27 mai, l'armée passa la Sambre.

Le 29, Marceau ordonna à Duhesme de se préparer à l'attaque de Marchiennes. Ce poste était d'un difficile accès; les maisons du faubourg de la rive gauche de la Sambre étaient crénelées, de fortes batteries en défendaient les approches. Le général français, ne voulant pas s'exposer aux mêmes pertes que la veille, fit avancer son artillerie derrière des épaulements mobiles et la plaça si avantageusement, malgré le feu le plus violent de mousqueterie et de mitraille, qu'en un instant les retranchements des Autrichiens furent à bas. Sur ces entrefaites, quelques intrépides nageurs étant allés enlever des planches sur la rive gauche, l'on travailla à la construction d'un pont. Dès lors, les ennemis battirent en retraite. L'avant-garde passa la rivière sans obstacle et fut suivie par la division Fromentin. La première prit position en arrière de Fontaine-l'Evêque, l'autre en arrière de Gosselies, ayant sa gauche à cheval sur la route de Charleroi à Bruxelles.

De son côté, le général Vézu, soutenu de la division Mayer, se dirigea sur Lernes, où il rencontra quelques bataillons autrichiens qui furent chargés avec succès par les cuirassiers et les chasseurs. Ils prirent position face à Fleurus, appuyant leur droite à la Sambre, près du Châtelet.

Combat de Marchiennes
(29 mai 1794).

A LA VEILLE DE FLEURUS

Après le combat de Tourcoing, Pichegru était allé mettre le siège devant Ypres. Le prince de Cobourg, qui s'était retranché sous les murs de Tournai, et Clerfayt, qui était rentré dans son camp de Thielt, s'ébranlèrent l'un et l'autre pour secourir la ville assiégée. Pichegru, pour empêcher Cobourg de poursuivre ce mouvement, fit sortir des troupes de Lille et exécuter une démonstration si vive sur Orchies que Cobourg fut retenu à Tournai; en même temps, il se porta en avant et courut à Clerfayt, qui s'avançait vers Rousselaer et Hooglède. Ses mouvements prompts et bien conçus lui fournissaient encore l'occasion de battre Clerfayt isolément. Par malheur, une division s'était trompée de route; Clerfayt eut le temps de se reporter à son camp de Thielt, après n'avoir subi qu'une perte légère. Mais, trois jours après, le 13 juin, Clerfayt, renforcé par le détachement qu'il attendait, se déploya à l'improviste en face de nos colonnes, avec 30.000 hommes. Nos soldats coururent rapidement aux armes; mais la division de droite, attaquée avec une grande impétuosité, se débanda et laissa la division de gauche découverte sur le plateau d'Hooglède. Macdonald commandait cette division; il sut la maintenir contre les attaques réitérées de front et de flanc auxquelles longtemps elle fut exposée. Par cette courageuse résistance, il donna à la brigade Dewinter le temps de le rejoindre, et il obligea alors Clerfayt à se retirer avec une perte considérable. C'était la cinquième fois que ce général ennemi, mal secondé, était battu par notre armée du Nord.

Cette action, si honorable pour la division Macdonald, décida la reddition de la place assiégée. Le 11 juin, en effet, Moreau avait fait sommer le général Salis, commandant la place, de la lui livrer. Sur son refus, le feu avait recommencé avec plus de vigueur, et les travaux avaient été poussés avec plus d'activité. Le combat d'Hooglède fut le signal de la fin de la résistance; Salis, n'ayant plus l'espoir d'être secouru, capitula le 17 juin; la garnison, forte de 7.000 hommes, fut faite prisonnière.

Cobourg allait se porter au secours d'Ypres, lorsqu'il apprit qu'il n'était plus temps. Les événements qui se passaient sur la Sambre l'obligèrent alors à se diriger sur le côté opposé du théâtre de la guerre. Il laissa le duc d'York sur l'Escaut, Clerfayt à Thielt, et marcha avec toutes les troupes autrichiennes vers Charleroi.

Jourdan, venant de la Moselle, était arrivé devant cette ville, au moment où les Français, repoussés pour la troisième fois, repassaient la Sambre en désordre. Après avoir donné quelques jours de répit aux troupes, dont les unes étaient abattues de leurs défaites et les autres de leur marche rapide, on fit quelques changements à leur organisation. Avec les divisions Desjardins et Charbonnier et les divisions arrivées de la Moselle, on composa une nouvelle et seule armée qui s'appela armée de Sambre-et-Meuse; elle s'élevait à 66.000 hommes environ et fut mise sous les ordres de Jourdan. Une division de 15.000 hommes, commandée par Schérer, fut laissée pour garder la Sambre, de Thuin à Maubeuge.

Repasser la Sambre et investir Charleroi fut alors l'idée fixe de Jourdan. La division Hatry fut chargée d'attaquer la place, et le gros de l'armée fut dispersé tout autour pour protéger le siège. Charleroi est sur la Sambre. Au-delà de son enceinte, se trouvent une suite de positions formant un demi-cercle, dont les extrémités s'appuient à la rivière. Ces positions sont peu avantageuses, parce que le demi-cercle qu'elles décrivent est de dix lieues d'étendue, parce qu'elles sont peu liées entre elles et qu'elles ont une rivière à dos. Kléber, avec la gauche, s'étendait depuis la Sambre jusqu'à Orchies et Traségnies, et faisait garder le ruisseau du Piéton, qui traversait le champ de bataille et venait tomber dans la Sambre. Au

Combat d'Hooglede
(13 juin 1794).

Jollivet, pinx.

centre, Morlot gardait Gosselies; Championnet s'avançait entre Heppignies et Wagné; Lefebvre tenait Wagné, Fleurus et Lambusart. A la droite, enfin, Marceau s'étendait en avant du bois de Campinaire et rattachait notre ligne à la Sambre. Jourdan, sentant le désavantage de ces positions, ne voulait pas y rester et se proposait, pour en sortir, de prendre l'initiative de l'attaque le 16 juin au matin. Dans ce moment, Cobourg ne s'était pas encore porté sur ce point; il était à Tournai, assistant à la défaite de Clerfayt et à la prise d'Ypres. Le prince d'Orange, envoyé vers Charleroi, commandait l'armée des coalisés. Il résolut, de son côté, de prévenir l'attaque dont il était menacé, et, dès le 16 au matin, ses troupes déployées obligèrent les Français à accepter le combat sur le terrain qu'ils occupaient. Quatre colonnes, disposées contre notre droite et notre centre, avaient déjà pénétré dans le bois de Campinaire, où était Marceau, avaient enlevé Fleurus à Lefebvre, Heppignies à Championnet, et allaient replier Morlot de Pont-à-Migneloup sur Gosselies, lorsque Jourdan, accourant à propos avec une réserve de cavalerie, arrêta la quatrième colonne par une charge heureuse, ramena les troupes de Morlot dans leurs positions et rétablit le combat au centre. A la gauche, Wartensleben avait fait les mêmes progrès vers Traségnies. Mais Kléber, par les dispositions les plus promptes et les plus heureuses, fit reprendre Traségnies; puis, saisissant le moment favorable, fit tourner Wartensleben, le rejeta au-delà du Piéton et se mit à le poursuivre sur deux colonnes. Le combat s'étant soutenu jusque-là avec avantage, la victoire allait même se déclarer pour les Français, lorsque le prince d'Orange, réunissant ses deux premières colonnes vers Lambusart, sur le point qui unissait l'extrême droite des Français à la Sambre, menaça leurs communications. Alors la droite et le centre durent se retirer. Kléber, renonçant à sa marche victorieuse, protégea la retraite avec ses troupes; elle se fit en bon ordre. Telle fut la première affaire du 16 juin. C'était la quatrième fois que les Français étaient obligés de repasser la Sambre;

mais, alors, c'était d'une manière plus honorable pour leurs armes. Jourdan ne se découragea pas. Il franchit encore la Sambre quelques jours après, reprit ses positions du 16, investit de nouveau Charleroi et en fit pousser le bombardement avec une extrême vigueur.

Cobourg, averti des nouvelles opérations de Jourdan, s'approchait enfin de la Sambre. Il importait aux Français d'avoir pris Charleroi avant que les renforts attendus par l'armée autrichienne fussent arrivés. L'ingénieur Marescot poussa si vivement les travaux qu'en huit jours les feux de la place furent éteints, et que tout fut préparé pour l'assaut. Le 26 juin, le commandant envoya un officier avec une lettre pour parlementer. Saint-Just, qui était toujours au camp en qualité de commissaire du gouvernement, refusa d'ouvrir la lettre et renvoya l'officier en lui disant : « Ce n'est pas un chiffon de papier, c'est la place qu'il nous faut ! » La garnison évacua la place le soir même, au moment où Cobourg arrivait en vue des lignes françaises.

Les succès de nos troupes de terre ne doivent pas nous faire oublier l'héroïsme de nos marins.

Vers cette époque (mai 1794), on attendait d'Amérique un grand convoi de vivres, conduit par l'amiral Venstabel. On envoya à sa rencontre une flotte sous les ordres de l'amiral Villaret-Joyeuse, qui devait empêcher les Anglais commandés par l'amiral Howe de s'emparer du convoi. Le commissaire Jean-Bon-Saint-André était sur le bateau amiral.

Une première rencontre des deux flottes eut lieu le 29 mai. Le 1er juin, bataille définitive, entre vingt-six vaisseaux français et trente-six anglais.

Ce combat, l'un des plus mémorables dont l'Océan ait été le témoin, commença à neuf heures du matin. L'amiral Howe s'avança pour couper notre ligne. Une fausse manœuvre du vaisseau *la*

Prise d'Ypres
(17 juin 1794).

Philippoteaux, pinx.

Montagne lui permit d'y pénétrer et notre aile gauche, et notre avant-garde restèrent isolées. L'amiral voulait les rallier à lui pour se reporter sur l'escadre anglaise; mais il avait perdu l'avantage du vent et resta cinq heures sans pouvoir se rapprocher du champ de bataille. Pendant ce temps, les vaisseaux engagés se battaient avec un héroïsme extraordinaire. Les Anglais, supérieurs dans la manœuvre, perdaient leur avantage dans les luttes de vaisseau à vaisseau, trouvaient des feux terribles et des abordages formidables. C'est au milieu de cette action acharnée que *le Vengeur*, démâté, à moitié détruit, et près de couler, refusa d'amener son pavillon, au risque de s'abîmer sous les eaux. Les Anglais cessèrent les premiers le feu et se retirèrent étonnés d'une pareille résistance. Ils avaient pris six de nos vaisseaux. Le lendemain, Villaret-Joyeuse, ayant réuni son avant-garde et sa droite, voulait fondre sur eux et leur enlever leur proie. Les Anglais, fort endommagés, nous auraient peut-être cédé la victoire. Jean-Bon-Saint-André s'opposa à un nouveau combat, malgré l'enthousiasme des équipages. Les Anglais purent donc regagner paisiblement leurs ports; et ils rentrèrent épouvantés de leur victoire et pleins d'admiration pour la bravoure de nos jeunes marins. Mais le but essentiel de ce terrible combat était rempli. L'amiral Venstabel avait traversé, pendant cette journée du 13, le champ de bataille du 10, l'avait trouvé couvert de débris et était entré heureusement dans les ports de France avec son convoi de vivres.

Dans son rapport, Jean-Bon-Saint-André s'exprimait ainsi : « Les Anglais cessèrent les premiers le feu ; alors on put voir autour de soi. L'avant-garde de l'armée française avait plié ; elle était à une demi-lieue sous le vent. Cette circonstance seule nous a ravi des mains la plus belle victoire... La vérité est que l'ennemi était plus maltraité que nous... Notre mandat était de sauver le convoi, c'était à nous à remplir notre mission, sans calculer les sacrifices. Eussions-nous dû périr tous jusqu'au dernier, nous y étions résolus, pourvu que ces subsistances, attendues avec tant d'impatience, vinssent calmer l'inquiétude du peuple... Si nous avons perdu des vaisseaux, nous pouvons du moins rendre à nos frères d'armes cet honorable témoignage qu'ils n'ont livré à l'ennemi que des carcasses abîmées, et qu'en succombant ils ont forcé les Anglais à admirer leur courage. »

Ce combat, outre l'épisode du *Vengeur* ci-dessus raconté, fut illustré par plusieurs actions héroïques. Le capitaine Bazire, commandant le vaisseau *la Montagne*, ayant eu les deux cuisses emportées, adressa ces mots au chirurgien qui le pensait : « Dites aux représentants du peuple que le seul vœu que je forme en mourant, c'est le triomphe de la République. »

Le lieutenant de *la Montagne*, nommé Hue, grièvement blessé au bras, après avoir été pansé, revint à son poste, malgré les conseils de son chef, et reçut une seconde et plus grave blessure à la poitrine.

La poésie ne manqua pas de s'emparer de ces faits héroïques. Deux poètes de l'époque, Chénier et Lebrun, les célébrèrent dans leurs chants.

Chénier consacra au *Vengeur* cette strophe :

> Lève-toi ! Sors des mers profondes,
> Cadavre fumant du *Vengeur*,
> Toi qui vis le Français vainqueur
> Des Anglais, des feux et des ondes.
> D'où partent ces cris déchirants ?
> Quelles sont ces voix magnanimes ?
> Les voix des braves expirants
> Qui chantent au fond des abîmes.

La muse pindarique de Lebrun :

> Captifs, la vie est un outrage.
> Ils préfèrent le gouffre à ce bienfait honteux.
> L'Anglais, en frémissant, admire leur courage :
> Albion pâlit devant eux.

> Voyez ce drapeau tricolore
> Qu'élève en périssant leur courage indompté :
> Sous le flot qui les couvre, entendez-vous encore
> Ces cris : « Vive la liberté ! »

BELLANGÉ, *pinx.*

PRISE DE CHARLEROI
(25 juin 1794).

COMBAT DE LA CROIX-DES-BOUQUETS

L'armée des Pyrénées-Occidentales, réduite, après le départ de ses deux meilleures demi-brigades pour le Roussillon, à moins de 20.000 hommes disponibles, fut renforcée par un nombre à peu près égal de recrues, qui figurèrent au nombre de combattants, mais ne furent en état d'entrer en ligne que dans le courant du mois de juin. Elle comptait alors quarante bataillons répartis en cinq divisions aux ordres des généraux Moncey, Frégevile, Delaborde, Manco et Marbot, tenant toutes les têtes des vallées qui conduisent en France, depuis Yeropil aux sources de la Nive jusqu'à la chaussée de Saint-Jean-de-Luz.

L'armée espagnole, aux ordres du capitaine général Ventura-Caro, affaiblie par les troupes qu'elle avait envoyées à l'armée du Roussillon, ne comptait pas, dans les premiers jours de février, au-delà de 20.000 hommes, dont la moitié de milices. Sa droite, sous le duc d'Ossuna, était appuyée à Burguette; le centre, commandé par le lieutenant général Urrutia, s'étendait dans la vallée du Bastan; et sa gauche, aux ordres du lieutenant général Gil, bordait les rives de la Bidassoa jusqu'au camp de Saint-Martial.

Le front des deux armées était hérissé de retranchements, que chacune d'elles avait mis sa gloire à perfectionner pendant l'hiver.

Il ne se passa rien d'important pendant les premiers mois, quelques postes attaqués furent seulement pris et repris de part et d'autre. Les deux armées gardaient toujours les mêmes positions, lorsque le général Muller tenta d'entrer sur le territoire espagnol et dirigea quelques troupes sur la vallée du Bastan. Ventura-Caro, de son côté, voulant également prendre l'offensive, ordonna un mouvement général sur toute la ligne.

Attaqués le 23 juin, avant le jour, les Français furent d'abord repoussés par le général Escalante de la montagne de Mandale jusqu'au Calvaire d'Urrugue ; mais, revenus de leur première surprise, ils reprirent bientôt sur l'ennemi les postes qu'ils avaient perdus. Le marquis de La Romana, qui attaquait le camp de la Croix-des-Bouquets, ne réussit pas davantage. Les grenadiers de la Tour d'Auvergne se maintinrent jusqu'à l'arrivée du général Merle, qui culbuta l'ennemi. Les Espagnols perdirent de 7 à 800 hommes tués ou blessés dans cette affaire.

Ce fut Barrère qui, à la Convention, fit le rapport sur ces affaires ; en terminant il ajouta : « Les nouvelles honorables pour les armées de la République ne doivent point être stériles dans nos mains ; les armées sont solidaires, et il existe entre elles une correspondance de gloire et d'honneur républicain à laquelle la représentation nationale doit donner aujourd'hui de nouveaux moyens de communication. » Il proposa un décret qui porte que les armées des Pyrénées-Orientales et Occidentales ont bien mérité de la Patrie.

Dans la même séance, au nom du Comité de Salut public, le même orateur revint sur les succès que les armées républicaines avaient obtenus sur différents points de nos frontières.

« C'est, dit-il, sur l'armée du Nord, malheureuse un instant, que les armées du Midi viennent de tirer, comme l'a dit Dugommier, une lettre de change sur les Autrichiens. La victoire est en permanence dans le Midi, et la victoire n'a presque rien coûté aux républicains. L'étendard tricolore flotte à la fois sur toutes les Alpes et sur toutes les Pyrénées. »

Combat de la Croix-des-Bouquets (Pyrénées-Orientales)
(23 juin 1795).

BATAILLE DE FLEURUS

Les deux armées du prince de Cobourg et du prince d'Orange, réunies au nombre d'environ 80.000 hommes, présentèrent, au lendemain de Charleroi, la bataille à l'armée française. Jourdan, dont l'armée atteignait à peu près le même nombre, attendit l'ennemi dans des positions qu'il avait prises sous les murs de cette ville, et ses lignes, ordonnées pour l'attaque d'une place, présentaient extérieurement un front demi-circulaire.

La prise de Charleroi, rendant la division Hatry disponible, Jourdan la plaça en réserve à Ransart, et fit renforcer sa gauche par la brigade Daurier, que Schérer consentit à détacher à cet effet. Son intention était aussi de resserrer sa ligne et de porter sa gauche derrière le Piéton, en abandonnant les hauteurs de Courcelles, moins nécessaires depuis que Charleroi assurait un point de retraite au centre. Mais, n'ayant pas eu le temps de faire lever les positions qui étaient sur la Sambre, ni d'abriter le parc de réserve qui se trouvait à Montigny, il laissa la division Montaigu sur les hauteurs de Courcelles, avec l'instruction d'opérer sa retraite en deux colonnes sur Lernes et le pont de Marchiennes; puis il établit Kléber en réserve sur le plateau de Jumet.

Le prince de Cobourg forma ses troupes en cinq corps, divisés en neuf colonnes, qui furent disposées sur un demi-cercle intérieur, de manière à embrasser toute l'étendue de la ligne de l'armée française; toutes devaient attaquer en même temps. Le Ier corps à droite, sous les ordres du prince d'Orange et du général Latour, formait trois colonnes. Le IIe corps était commandé par le général Quasdanowich. Le IIIe corps, placé au centre, dirigé par le prince Kaunitz, devait lier ses opérations avec le IV⁰ corps, sous les ordres de l'archiduc Charles, et marcher sur Fleurus. Enfin le corps de gauche, avec Beaulieu, divisé en trois colonnes, devait agir sur Charleroi.

L'action s'engagea le 26, à la pointe du jour. Conformément aux ordres du prince de Cobourg, les lignes françaises furent attaquées sur tous les points. Le prince d'Orange et le général Latour, par l'impétuosité de leur charge, firent d'abord reculer l'aile gauche, sous les ordres de Kléber, jusqu'à Marchiennes-au-Pont, sur les bords de la Sambre. Mais, avec la rapidité de son coup d'œil et son sang-froid héroïque, Kléber eut bientôt rétabli l'action : il poste ses batteries sur les hauteurs, enveloppe les Autrichiens dans le bois de Monceaux et les fait attaquer en tous sens. Ceux-ci, qui s'aperçoivent alors que Charleroi est aux mains des Français, hésitent et, chargés avec vigueur, finissent par abandonner en désordre Marchiennes-au-Pont.

Tandis que Kléber sauvait ainsi une des extrémités, Jourdan en faisait autant au centre, et à la droite, Morlot, qui était en avant de Gosselies, avait été tourné par Quasdanowich ; Championnet, trompé par un faux avis, avait abandonné la redoute d'Heppignies, et la division de Marceau, repoussée par Beaulieu, s'était dispersée dans les bois qui bordent la Sambre : une partie même des fuyards s'étaient jetés sur l'autre rive. Marceau, sans songer au reste de la division fugitive, ramassa quelques bataillons et s'établit à Lambusart, pour y mourir, plutôt que d'abandonner ce poste, appui indispensable de l'extrême droite.

C'est alors que Jourdan envoya le général Hatry avec sa division pour soutenir Marceau, et Lefebvre, qui s'était joint à lui, dans le village de Lambersart, devenu le point décisif de la bataille.

Trois fois, les troupes revinrent à la charge. « La dernière attaque fut la plus meurtrière ; l'artillerie tirait si vivement, de part et d'autre, qu'on ne distinguait plus les camps. Les obus enflammèrent les blés et les baraques du camp. Le général Lefebvre mit à

Bataille de Fleurus
(26 juin 1794).

profit cette circonstance pour dérober un mouvement à Beaulieu. Il prescrivit à la seconde ligne de se former à sa droite, en colonne d'attaque, et de marcher sur Lambusart. Pareil ordre fut donné aux corps qui formèrent le crochet dont on a fait mention. Ces derniers abordèrent le village par sa droite tandis que les autres l'attaquaient de front. Un tel effort devait avoir des résultats d'autant plus certains que le surplus de la division Hatry s'avançait de Ransart pour prendre part à ce combat. Cependant les Impériaux, quoique surpris par cette double attaque, firent une honorable résistance et n'abandonnèrent le poste qu'après l'avoir jonché de cadavres.

Il fallait aussi rétablir le combat au centre, où Championnet avait commencé un mouvement de retraite qui pouvait être fatal à l'armée tout entière.

Déjà la grande redoute était désarmée, et la division en pleine retraite sous la protection de la brigade Legrand, qui tenait encore le cimetière, lorsque le général arrêta ce mouvement rétrograde, dont les conséquences pouvaient être si funestes.

Les tirailleurs autrichiens s'étaient déjà emparés des haies et des jardins, qui environnent Heppignies. Leur corps de bataille, s'avançant sur deux lignes avec plus d'aplomb que de vigueur, les en laissa chasser. Bientôt, même, le feu de la grande redoute et de l'artillerie légère porta la mort et le désordre dans ses rangs.

Jourdan ordonna alors une charge de cavalerie; la première ligne autrichienne ne put résister : elle est enfoncée; l'infanterie n'a que le temps de se former en carrés, et plus de 50 pièces de canon restent abandonnées; mais cette colonne, résultat du hasard, se trouvant un peu en désordre et n'étant point appuyée par une réserve, le prince de Lambesc l'assaillait à son tour avec les carabiniers et les cuirassiers impériaux et parvient à reprendre son artillerie. Cette charge, qui eut lieu vers sept heures, fut le dernier effort des coalisés.

En effet, Beaulieu venait d'apprendre sur la Sambre ce que le prince d'Orange y avait appris déjà, que Charleroi était aux mains de l'armée française. Le prince de Cobourg commanda alors un mouvement de retraite général. La bataille de Fleurus coûta à l'ennemi 10.000 hommes tués et 3.000 prisonniers. La perte de l'armée française ne passa pas 6.000 hommes.

On sait, rapporte Jomini, qu'à cette bataille on fit le premier essai des aérostats.

Depuis l'ouverture de la campagne, les armées du Rhin et de la Moselle, trop faibles numériquement pour se porter en avant, étaient restées sur la défensive, l'une derrière ses retranchements de la Queich, l'autre sur Bliescatel et Hornbach. Il est vrai que, de son côté, le général prussien Mœllendorff, établi sur la crête des Vosges, demeurait dans l'inaction. A la nouvelle des victoires des armées de Sambre-et-Meuse, les armées du Rhin et de la Moselle reçurent des renforts, et le Comité de Salut public leur prescrivit de reprendre l'offensive. Le 2 juillet 1794, elles se mettaient en mouvement, et chassèrent les Prussiens des formidables positions qu'ils occupaient à Platzberg et à Trepstadt. Au Comité de Salut public, Barrère, résumant les événements que nous venons de raconter, s'écriait : « Depuis l'Océan jusqu'au Rhin, il règne un accord universel. On dirait qu'il n'y a qu'un général qui commande et qu'une armée qui se bat ; on dirait qu'il n'y a qu'un triomphe : tel est le résultat de l'unité du peuple français ! »

BATAILLE DE FLEURUS
(26 juin 1794).

PRISE D'ANVERS

Telle fut cette bataille décisive, une des plus acharnées de la campagne, et qui se livra sur un demi-cercle de dix lieues, entre deux armées d'environ 80.000 hommes chacune. Elle s'appela bataille de Fleurus, quoique ce village y jouât un rôle fort secondaire, parce que le duc de Luxembourg avait déjà illustré ce nom sous Louis XIV. Quoique ses résultats sur le terrain fussent peu considérables et qu'elle se bornât à une attaque repoussée, elle décidait la retraite des Autrichiens et amenait par là des résultats immenses. Les Autrichiens ne pouvaient pas livrer une seconde bataille. Il leur aurait fallu se joindre au duc d'York ou à Clerfayt, et ces deux généraux étaient occupés au nord par Pichegru. D'ailleurs, menacés par la Meuse, il devenait important pour eux de rétrograder, pour ne pas compromettre leurs communications. Dès ce moment, la retraite des coalisés devint générale, et ils résolurent de se concentrer vers Bruxelles, pour couvrir cette ville.

La campagne était évidemment décidée ; mais une faute du Comité de Salut public empêcha d'obtenir des résultats aussi prompts et aussi décisifs que ceux que l'on avait lieu d'espérer. Pichegru avait formé un plan, qui était la meilleure de toutes ses idées militaires. Le duc d'York était sur l'Escaut à la hauteur de Tournay ; Clerfayt, très loin de là, à Thielt, dans la Flandre. Pichegru persistait dans son projet de détruire Clerfayt isolément, voulait passer l'Escaut à Oudenarde, couper ainsi Clerfayt du duc d'York, et le battre encore une fois séparément. Il voulait ensuite, lorsque le duc d'York, resté seul, songerait à Cobourg, le battre à son tour, puis enfin venir prendre Cobourg par derrière, ou se réunir à Jourdan. Ce plan, qui, outre l'avantage d'attaquer isolément Clerfayt et le duc d'York, avait celui de rapprocher toutes nos forces de la Meuse, fut contrarié par une fort sotte idée du Comité de Salut public. On avait persuadé à Carnot de porter l'amiral Venstabel avec des troupes de débarquement dans l'île de Walcheren pour soulever la Hollande. Afin de favoriser ce projet, Carnot prescrivit à l'armée de Pichegru de longer les côtes de l'Océan et de s'emparer de tous les ports de West-Flandre; il ordonna de plus à Jourdan de détacher 16.000 hommes de son armée pour les porter vers la mer; le dernier ordre, surtout, était des plus mal conçus et des plus dangereux. Les généraux en démontrèrent l'absurdité à Saint-Just, et il ne fut pas exécuté; mais Pichegru n'en fut pas moins obligé de se porter vers la mer, pour s'emparer de Bruges et d'Ostende, tandis que Moreau occupait Niewport.

Trois mille hommes de troupes ennemies occupaient encore le fort de Lilla, qui protège Anvers, et Pichegru, dans son rapport, assure qu'il s'attendait à une vigoureuse résistance de leur part. Mais, à peine eut-il fait défiler son avant-garde sous les murs de la place et sommé le commandant de la garnison d'évacuer le fort, que les Anglais commencèrent à opérer leur retraite, et, au point du jour, la ville d'Anvers était entièrement libre. Les ennemis, en se retirant, avaient rompu une des digues de l'Escaut, et cette rupture avait suffi pour inonder un espace de terrain de plus de trois lieues de circonférence. Mais cet obstacle fut bientôt franchi par les Français, qui entrèrent aussitôt dans la place, en prirent possession et s'emparèrent de trente pièces d'artillerie, de soixante-mille sacs d'avoine et d'une grande quantité de vivres et de munitions, que les Anglais n'avaient pas eu le temps d'emporter.

Les mouvements se continuèrent sur les deux ailes : Pichegru laissa Moreau, avec une partie de l'armée, faire les sièges de Niewport et de l'Écluse et s'empara, avec l'autre, de Bruges, Ostende et Gand. Il s'avança ensuite vers Bruxelles. Jourdan y marchait de son côté. Nous n'eûmes plus à livrer que des combats d'arrière-garde, et enfin

PRISE D'ANVERS
(17 juillet 1794).

le 10 juillet, nos avant-gardes entrèrent dans la capitale des Pays-Bas. Peu de jours après, les deux armées du Nord et de Sambre-et-Meuse y firent leur jonction. Rien n'était plus important que cet événement : 150.000 Français, réunis dans la capitale des Pays-Bas, pouvaient fondre de ce point sur les armées de l'Europe, qui, battues de toutes parts, cherchaient à regagner, les uns la mer, les autres le Rhin. On investit aussitôt les places de Condé, Landrecies, Valenciennes et le Quesnoy, que les coalisés nous avaient prises ; et la Convention, prétendant que la délivrance du territoire donnait tous les droits, décréta que, si les garnisons ne se rendaient pas de suite, elles seraient passées au fil de l'épée. Elle avait déjà rendu un autre décret, portant qu'on ne ferait plus de prisonniers anglais, pour punir tous les forfaits de Pitt envers la France. Nos soldats n'exécutèrent pas ce décret. Un sergent, ayant pris quelques Anglais, les amena à un officier. « Pourquoi les as-tu pris ? lui dit l'officier. — Parce que ce sont autant de coups de fusil de moins à recevoir, répondit le sergent. — Oui, répliqua l'officier, mais les représentants vont nous obliger de les fusiller. — Ce ne sera pas nous, ajouta le sergent, qui les fusillerons ; envoyez-les aux représentants, et puis, s'ils sont des barbares, qu'ils les tuent et les mangent si ça leur plaît. »

Ainsi, nos armées, agissant d'abord sur le centre ennemi et le trouvant trop fort, s'étaient partagées en deux ailes et avaient marché l'une sur la Lys, et l'autre sur la Sambre. Pichegru avait d'abord battu Clerfayt à Mouscron et à Courtray, puis Cobourg et le duc d'York à Tourcoing, et enfin Clerfayt encore à Hooglède. Après plusieurs passages de la Sambre, toujours infructueux, Jourdan, amené par une heureuse idée de Carnot, sur la Sambre, avait décidé le succès de notre aile droite à Fleurus. Dès cet instant, débordés sur les deux ailes, les coalisés nous avaient abandonné les Pays-Bas. Tel était le résultat de la campagne ; de toutes parts on célébrait nos étonnants succès. La victoire de Fleurus, l'occupation de Charleroi, Ypres, Tournay, Oudenarde, Ostende, Bruges, Gand et Bruxelles, la réunion de nos armées dans cette capitale, étaient vantées comme des prodiges.

C'est pour célébrer cette suite presque ininterrompue de succès, que Marie-Joseph Chénier a composé les paroles, et Méhul la musique, d'un hymne de guerre qui fut chanté le 14 juillet. On a reconnu *le Chant du départ :*

> La victoire, en chantant, nous ouvre la barrière,
> La liberté guide nos pas ;
> Et du Nord au Midi la trompette guerrière
> A sonné l'heure des combats.
> Tremblez, ennemis de la France...

On a vu, ci-dessus, comment nos soldats refusèrent de s'associer à certaines décisions sanguinaires de la Convention. La générosité, le désintéressement égalaient, en effet, chez eux le courage. M. Edmond Biré, dans son *Journal d'un Bourgeois de Paris*, nous apporte le récit des faits suivants, qu'il emprunte aux lettres et aux journaux de l'époque, et qui sont trop caractéristiques pour ne pas être mis davantage en lumière.

Un soldat trouve, dans une des cours de l'abbaye de Maroilles, un enfant de sept à huit ans : l'enfant était orphelin ; sa mère était morte de misère ; son père, ancien sergent au régiment de Vintimille, infanterie, avait été tué par le feu de l'ennemi. Sans parents, sans ressources, il avait quitté le Quesnoy, sa ville natale, et avait erré jusqu'à ce moment dans différents corps, vivant du morceau de pain que les soldats lui donnaient. Le soldat qui l'a rencontré lui propose de lui servir de père, lui fait quitter ses haillons et lui achète des habits. Depuis ce moment, il ne cesse de veiller sur lui : il le nourrit de sa solde et de sa pension ; il l'entretient proprement et le conduit lui-même à l'école, en s'assurant qu'il n'y manque jamais. L'auteur de cet acte de dévouement est lui-même presque un enfant. C'est un jeune tambour du 1er bataillon de Seine-et-Marne, Jean-François

Philippoteaux, pinx.

Prise d'Anvers
(17 juillet 1794).

Broissolle, de Coulommiers; il est âgé de dix-neuf ans. Bien qu'il n'ait que sa solde, il s'est refusé à recevoir les secours qui lui ont été offerts, notamment par son capitaine. Il n'a voulu partager avec personne le mérite de sa belle action.

Lors de l'affaire qui a eu lieu les 21 et 22 avril 1793, près la forêt de Nouvion, Margry, volontaire au 5e bataillon des Vosges, de la brigade du général Duhesme, était posté en tirailleur près de la redoute située au bout de la forêt. Un boulet lui emporta la cuisse et lui cassa la jambe gauche. « J'ai payé, dit-il au milieu des plus horribles souffrances, le tribut que je devais à ma patrie; je mourrai satisfait; mais je plains ma pauvre mère; si j'en reviens, mes deux bras me resteront pour la nourrir... » Peu d'instants après, il rendait le dernier soupir.

Un trait d'un autre genre, non moins digne d'être rappelé, est l'acte de désintéressement des quatre premiers capitaines du 2e bataillon du 56e régiment. Le grade de commandant de bataillon était vacant, et il leur fut successivement offert par le représentant Laurent. Tous refusèrent de l'accepter, préférant laisser le commandement à un officier qu'ils précédaient en rang, mais qu'ils jugeaient leur être supérieur en talents militaires.

C'était, de toutes parts, la plus noble émulation pour la défense de la Patrie.

Tandis que les soldats et les généraux luttaient et mouraient, les ingénieurs et les chimistes cherchaient de nouveaux moyens d'activer la fabrication des armes et des munitions.

Nous allions manquer de poudre, dit encore Edmond Biré, faute de salpêtre. Monge indiqua les réservoirs où on pourrait le trouver. Le salpêtre! il était là, sous notre main, dans nos maisons, dans nos caves et nos écuries, dans les vieux murs, dans les plâtras des vieilles démolitions. Des affiches font connaître les moyens de l'extraire, et voilà qu'aussitôt les habitants de Paris descendent dans leurs caves et en fouillent le terrain, soulèvent les pavés de leurs cuisines, enlèvent les cendres de leurs foyers, remuent les décombres, grattent sur les murs tout ce qui avait le goût de sel... Cela, pourtant, n'eût pas suffi ; car, avant d'être employé à la fabrication de la poudre, besoin est que le salpêtre soit raffiné, et les procédés de raffinage connus jusqu'alors exigeaient au moins six mois. Pouvait-on attendre six mois, quand l'ennemi était aux frontières? Des chimistes se sont trouvés qui ont conjuré le danger. La France doit retenir leurs noms : Berthollet, Monge, Chaptal, Fourcroy, Vandermonde, Guyton de Morveau, Carvy, Prieur. L'un d'eux, Chaptal, aidé des conseils de ses collègues, a imaginé des procédés nouveaux et rapides pour le raffinage du salpêtre et la fabrication de la poudre.

COMBAT D'ALDENHOVEN

Lorsque le prince de Cobourg quitta le commandement de l'armée coalisée, le 28 août 1794, pour le remettre au comte de Clerfayt, l'armée de Sambre-et-Meuse, qui lui fut opposée sous les ordres de Jourdan, se trouvait entre Liège et Maestricht, tandis que Pichegru, à la tête de l'armée du Nord, observait en avant d'Anvers le duc d'York. Pendant quelque temps les deux armées se contentèrent de s'affermir dans leurs conquêtes ; mais étant parvenues à s'emparer des places restées en arrière et qui pouvaient interrompre leurs communications, elles continuèrent bientôt à se porter en avant à la poursuite de l'ennemi. Quelques avantages remportés le 18 septembre, au passage de la rivière d'Ayvaille et à la Chartreuse, avaient donné aux soldats une ardeur dont Jourdan désirait ardemment de profiter. En faisant occuper la ville d'Aix-la-Chapelle, que le comte de Clerfayt avait évacuée, le général en chef de l'armée de Sambre-et-Meuse avait en même temps détaché Kléber, avec quatre divisions de l'aile gauche, pour investir Maestricht.

Carnot, ministre de la Guerre, attachait, dit Jomini, la plus grande importance aux places, et surtout à celle de Maestricht : il avait fait envoyer le représentant Bellegarde pour en presser la conquête au nom du Comité de Salut public. Mais Clerfayt se disposant, contre l'attente de Jourdan, à défendre la ligne de la Roer, le général en chef prit sur lui d'ajourner le siège de cette place, malgré les instances de ce commissaire, et résolut sagement de ne laisser que 15.000 hommes au blocus, d'attirer à lui le reste du corps de Kléber, et d'éloigner à jamais, par une bataille décisive, l'ennemi des bords de la Meuse.

Ayant ainsi réuni toutes ses forces, Jourdan, le 2 octobre, à cinq heures du matin, ordonna à l'armée de s'ébranler en colonnes serrées par brigades. L'aile droite, commandée par Schérer, ayant avec lui le général Marceau, enleva à la baïonnette les retranchements autrichiens, tandis que l'aile gauche, où se trouvaient les chefs de brigade Ney et Bernadotte, sous les ordres du général Kléber, repoussant l'ennemi de toutes ses positions, le força à battre en retraite.

Au centre de l'armée, l'attaque commença un peu avant celle des ailes. Clerfayt, ayant rassemblé une partie de ses forces autour et dans le bourg d'Aldenhoven, et paraissant vouloir s'y défendre, le général Championnet l'en fit chasser par les tirailleurs de la 59ᵉ demi-brigade.

Cependant le centre des Autrichiens, voyant son flanc droit menacé par la division Lefebvre, qui faisait mine de passer à Linnich, et craignant que Hatry n'exécutât son mouvement vers Altrop contre sa gauche, prit le parti d'abandonner le plateau d'Aldenhoven et fut poursuivi par la cavalerie française jusque sur les glacis de Juliers.

Sur toute la ligne, le combat dura jusqu'à la fin du jour. On travailla pendant toute la nuit à construire des ponts, et le gros du corps de Kléber ne passa qu'au jour. L'affaire coûta aux Français de 14 à 1.500 hommes : ils firent à l'ennemi 800 prisonniers et lui mirent près de 3.000 hommes hors de combat. Tel fut le résultat de la bataille sur la Roer, qui décida du sort de la Belgique et rejeta l'armée impériale sur la rive droite du Rhin.

La nuit qui suivit la bataille fut très tranquille. Le 23 octobre, à la pointe du jour, les généraux se portèrent devant Juliers avec l'avant-garde, et on trouva la place évacuée ; Clerfayt, décidé à repasser le Rhin, n'ayant pas cru devoir y compromettre une garnison, les magistrats en apportèrent les clefs au vainqueur.

PICHEGRU
Général en chef des Armées du Nord et du Rhin et Moselle.

A ces hauts faits de nos troupes de terre, n'oublions pas d'ajouter les exploits de nos marins.

Deux vaisseaux de ligne anglais, *le Centurion* et *le Diomède*, croisaient sur les côtes de l'île de France; les subsistances commençaient à être rares, et dans le Conseil il fut décidé que la division française, composée de deux frégates, *la Prudente* et *la Cybèle*, et du brick *le Coureur*, iraient attaquer les deux vaisseaux ennemis pour tâcher de les forcer à la retraite.

Malgré l'effrayante disproportion entre les forces navales de la République et celles de l'ennemi, l'intrépide Renaud, commandant la division française, reçoit avec joie l'ordre d'aller combattre et jure de périr ou de forcer les deux vaisseaux à s'éloigner des côtes. Les équipages partagent l'enthousiasme de leur chef, et, le 22 octobre, on appareille aux cris mille fois répétés de : Vive la République ! mort aux Anglais !

Tout présage en ce moment, sinon un succès complet, au moins une lutte opiniâtre et glorieuse. Bientôt l'on découvre les deux vaisseaux ennemis au vent, à environ huit lieues de la côte, et, à trois heures et demie, on se trouve à un quart de portée de canon de ces vaisseaux : *la Prudente* par le travers du *Centurion*, et *la Cybèle* par le travers du *Diomède*. Alors commence un combat terrible, où, pour racheter la faiblesse de nos bâtiments et pour remplir le but proposé de faire aux vaisseaux anglais des avaries telles qu'ils soient contraints de s'éloigner de l'île pour aller se réparer, nos canonniers s'attachent peu à tuer du monde à l'ennemi ; ils pointent au contraire tous leurs coups, en rivalisant d'adresse, les uns sur les mâts et les vergues du vaisseau qu'ils ont par le travers, d'autres sur son gouvernail, d'autres enfin sur un même point de sa coque au-dessous de la flottaison, pour le percer à l'eau. Malgré cette habile manœuvre, le combat était par trop inégal, et, après une heure du feu le plus nourri et le mieux dirigé, les frégates se trouvant elles-mêmes un peu maltraitées dans leurs agrès, le commandant, dont le guidon est déployé à bord de *la Prudente*, fait forcer de voiles à cette frégate, en hissant le signal de s'éloigner de l'ennemi, pour s'assurer le temps de se regréer, afin de revirer de bord ensuite et tâcher de gagner le vent aux vaisseaux. *La Cybèle*, qui a le plus souffert dans son gréement, tente vainement d'obéir à cet ordre : elle ne peut réussir à dépasser *le Centurion*. C'est également en vain que le commandant lui fait alors le signal de laisser arriver, en faisant cette manœuvre lui-même ; couverte par le feu et la fumée de trois bâtiments, elle ne l'aperçoit pas, et d'ailleurs son capitaine sait bien toute l'imprudence qu'il y aurait à exécuter ce mouvement, qui lui ferait présenter l'arrière à l'ennemi, dont les boulets enfileraient sa batterie. Elle se voit donc obligée de continuer seule le combat le plus périlleux, car la retraite de *la Prudente* la laisse aux prises avec les deux vaisseaux, dont l'un la canonne par la hanche, tandis que l'autre la foudroie par le travers. Pendant assez longtemps elle essuie tout leur feu, auquel elle riposte de la manière la plus vigoureuse ; soutenue par le petit brick, qui la seconde avec une audace d'autant plus admirable qu'une seule bordée du *Diomède* qu'il a osé approcher le coulerait à fond ; mais sa petitesse même le dérobe aux coups, et le bon état de son gréement lui permet de prendre une position avantageuse pour faire du mal à l'ennemi sans courir beaucoup de danger. Enfin *le Centurion*, démâté de ses mâts, démonté de son gouvernail et faisant eau de toutes parts, quitte la ligne. *La Cybèle* peut alors effectuer son mouvement d'arrivée et force de voiles. En vain *le Diomède* veut lui donner la chasse, en lui tirant quelques volées ; il est trop désemparé pour pouvoir la suivre, et bientôt ses boulets n'arrivent plus à bord ; en ce moment *la Prudente*, qui avait viré pour retourner au feu, rejoint *la Cybèle*, lui donne la remorque, et la division rentre triomphante dans le port aux acclamations de tous les colons qui couvraient le rivage. Dans l'action de *la Cybèle*, il y eut 22 hommes tués et 62 blessés ; *la Prudente* eut 15 hommes tués et 28 blessés ; *le Coureur*, 1 homme tué, 5 blessés. Le brave commandant Renaud fut renversé

Morin, pinx.

COMBAT D'ALDENHOWEN. — PRISE DE JULIERS
(2 octobre 1794).

de son banc de quart et reçut quelques blessures, heureusement fort légères.

Le résultat de cette brillante affaire fut tel qu'on l'avait eu en vue, sans cependant oser trop se flatter de pouvoir l'obtenir ; les vaisseaux anglais disparurent, les subsistances attendues arrivèrent, et tous les corsaires qui étaient en mer firent leur rentrée, amenant dans le port quantité de prises richement chargées.

Ce combat naval rappelle un épisode de nos guerres maritimes qui eut lieu l'année précédente.

La frégate *l'Embuscade*, commandée par le capitaine Bompard, avait été expédiée de Rochefort pour transporter le premier ambassadeur, chargé de représenter la République française auprès du Gouvernement des États-Unis. Vers la fin de juillet 1793, le capitaine Bompard se trouvait dans le port de New-York, attendant les instructions et les dépêches de l'ambassadeur pour retourner en France. Dans une croisière qu'il venait de faire, il avait capturé ou détruit plus de soixante navires anglais. Le commandant des forces navales britanniques, stationnées dans les mers de l'Amérique du Nord, résolut de s'emparer d'une frégate qui avait fait tant de tort au commerce de sa nation. Il expédia à cet effet la frégate *le Boston*, commandée par le capitaine Courtenay.

Depuis plusieurs jours, *le Boston* était à son poste, épiant la sortie de la frégate française ; mais celle-ci ne paraissait pas faire de préparatifs pour mettre à la voile. Impatient de voir arriver l'instant d'un triomphe qu'il regardait comme assuré, le capitaine Courtenay adressa au capitaine Bompard un cartel dans lequel il proposait un combat singulier entre *le Boston* et *l'Embuscade*.

Le bruit courait alors à New-York, qu'avant de venir prendre sa station devant ce port, le capitaine du *Boston* était entré à Halifax pour y augmenter son armement, qu'il avait échangé douze de ses canons de 12 contre autant de 18, qu'il avait ajouté à son artillerie deux caronades de 24 et vingt-deux pierriers, et enfin, qu'il s'était composé un équipage de 380 hommes d'élite. On disait encore que les dames d'Halifax s'étaient cotisées pour donner une fête aux marins du *Boston*, et avaient promis une gratification de 10 guinées à chaque matelot si *l'Embuscade* était prise et amenée en triomphe à Halifax.

Bompard, sans s'informer de la réalité de ces circonstances, accepta le défi du capitaine anglais. Il se hâta de sortir du port, et se mit à la recherche du *Boston*, qu'il rencontra le 30 juillet, à cinq heures du matin. En ce moment, les hauteurs voisines de la côte étaient couvertes de spectateurs, et quantité de citoyens de New-York, montés sur des bâtiments légers ou même de simples barques, avaient suivi *l'Embuscade* pour observer de plus près ce duel étrange. De part et d'autre, on était parfaitement préparé ; mais les deux frégates, parvenues à portée de fusil, continuaient de s'approcher sans tirer une amorce. Enfin, ne pouvant plus maîtriser son impétuosité, le capitaine du *Boston* commença le feu. Bompard reçut la bordée de l'ennemi et lâcha aussitôt la sienne. L'action ainsi engagée se prolongea pendant deux heures avec le plus grand acharnement ; la victoire, enfin, demeure au pavillon français. *Le Boston*, en partie démâté et désemparé de toutes ses voiles, ayant eu son capitaine tué et tous ses officiers blessés, prend la fuite ; et *l'Embuscade* rentre dans le port de New-York, escortée de sa flottille de curieux et aux acclamations de tous les assistants.

Une des sociétés populaires de New-York fit frapper une médaille d'or en souvenir de ce brillant combat et la décerna solennellement au capitaine Bompard.

Ce brave officier ne tarda pas à recevoir une autre récompense. Le contre-amiral Sercey, parti de Saint-Domingue après l'incendie du Cap, vient relâcher à New-York avec une division navale, et donna à Bompard le commandement du vaisseau de 74 canons, *le Jupiter*.

Mᵐᵉ Davin-Mirvault, *pinx.* LEFEBVRE.

PRISE DE MAESTRICHT

L'armée impériale, constamment battue et menacée d'être prévenue à Coblentz et à Cologne, ne se crut en sûreté qu'au-delà du Rhin, et repassa ce fleuve à Mulheim, le 5 octobre, après avoir encore sacrifié 3.000 hommes dans les champs de Juliers.

Le général Jourdan, en se mettant à la poursuite de l'ennemi après la bataille d'Aldenhoven, avait divisé son armée en trois grandes colonnes : la première se porta sur Bonn, dont les portes lui furent ouvertes le 20 ; lui-même, à la tête de la seconde, entra le 6 à Cologne, où il fut accueilli avec enthousiasme par les habitants.

Marceau, pendant ce temps, avec la troisième colonne, se dirigeait sur Coblentz. Cette ville était défendue par une forte division autrichienne campée hors des murs et occupant, sur les hauteurs, des redoutes très fortes. N'ayant pu attirer l'ennemi en plaine, Marceau fit attaquer les redoutes.

Les nombreuses décharges de l'artillerie ennemie ne purent défendre l'entrée des retranchements. Ils furent emportés en un moment, à la baïonnette, et les Autrichiens abandonnèrent leur position dans le plus grand désordre, pour passer sur la rive droite du Rhin, en laissant un grand nombre de morts et de blessés sur le champ de bataille, et environ 5 à 600 prisonniers dans les mains des Français. Ceux-ci entrèrent dans Coblentz le 23 octobre.

Le général Kléber retourna devant Maestricht avec les troupes qui avaient contribué à la victoire. Cette place avait été investie immédiatement après le combat de l'Ourthe ; mais rien de ce qu'il faut pour un siège n'était prêt a cette époque. Le Comité en avait cependant prescrit l'envoi ; et le représentant Gillet partit en poste pour le presser. Grâce à son activité et à ses soins, un bel équipage de deux cents pièces descendant la Meuse arriva le 23 octobre. Les travaux furent dès lors poussés, tant du côté du fort Saint-Pierre que de Vick, avec l'activité qui distinguait Kléber et Marescot. L'artillerie française, servie avec habileté, fit des merveilles : une grêle de bombes et autres projectiles fut lancée dans cette ville et en réduisit une partie en cendres. Le prince de Hesse, apitoyé sur le sort de ses habitants, désespérant d'obtenir aucun secours, consentit, le 4 novembre, à rendre la place et à déposer les armes, à condition que sa garnison, forte de 8.000 hommes, serait renvoyée sur parole jusqu'à parfait échange. On trouva dans la place 351 bouches à feu.

Maîtres de Coblentz, de Maestricht et de Venloo, les Français voulurent, d'un autre côté, s'emparer de Nimègue. En vain les Autrichiens, sous les ordres de Wernek, — les Anglais commandés par le duc d'York, aidés par un corps de trois mille Hollandais composant la garnison, s'opposèrent-ils de toutes leurs forces, nous entrâmes dans la place le 8 novembre 1794. Pendant ce temps, les Autrichiens avaient essayé de déboucher de Wesel ; mais, dit Thiers, l'impétueux Wandamme, fondant sur eux au moment où ils mettaient le pied au-delà du Rhin, les avait repoussés, et ils étaient fort heureux de n'avoir pas obtenu plus de succès, car ils auraient couru la chance d'être détruits s'ils se fussent avancés davantage.

EUG. LAMI.

PRISE DE MAESTRICHT
(4 novembre 1794).

BATAILLE DE LA MUGA

Après la reddition de Bellegarde, les armées française et espagnole restèrent en présence et sans rien entreprendre jusque vers la moitié du mois de novembre. C'est alors que le général Dugommier résolut une attaque générale sur toute la ligne.

Cette entreprise présentait de grandes difficultés ; l'armée espagnole était parfaitement retranchée. Soixante-dix-sept redoutes ou batteries armées de 250 pièces et disposées sur une double ligne, depuis Espolla au pied du col de Bagnols, par Campmani, jusqu'à Saint-Laurent-de-la-Muga, présentaient toutefois un front d'autant plus redoutable qu'elles avaient un profil assez élevé et semblaient à l'abri de l'attaque la plus audacieuse. Le camp retranché de Figuières, en cas de malheur, offrait encore un dernier refuge.

Dans la nuit du 16 au 17 novembre, les colonnes s'ébranlèrent, et, avant l'aube du jour, les batteries de gros calibre, placées sur la Montagne-Noire, commencèrent à jouer pour protéger la marche de la division de gauche.

A l'extrémité opposée, le général Davin parti de Coustange, ayant forcé successivement les postes de Notre-Dame-del-Fau, des chapelles de Carbonils et de Saint-Georges, parvint, après dix-huit heures de marche et de combat dans les rochers, à opérer sa jonction avec le général Augereau, en débouchant près de la chapelle de la Madeleine. Celui-ci, filant à la faveur de l'obscurité, entre la fonderie de la Muga et Massanet, tourne les camps de l'ennemi, égorge le poste de la Muga à Saint-Sébastien et gravit audacieusement la montagne, qui lui est disputée par une fusillade assez vive. Les troupes redoublent d'ardeur; la Madeleine est enfin emportée; les colonnes réunies se dirigent sur le Roc-Blanc.

Mais les succès de l'armée française n'étaient pas les mêmes sur toute la ligne. Au centre, elle éprouvait la plus grande résistance; à la gauche, repoussée sur plusieurs points, elle avait même perdu quelques positions, et Dugommier, qui s'était transporté aux batteries de la Montagne-Noire, pour encourager les troupes par sa présence, y avait été tué par un éclat d'obus, à dix heures, au matin. Cependant Pérignon, investi du commandement supérieur par les représentants, rallia bientôt les bataillons ébranlés et fit rentrer, avant la fin de la journée, la gauche et le centre dans toutes les positions, dont elles avaient été repoussées par les Espagnols. Augereau, plus heureux à la droite, continuait ses attaques.

La grande redoute établie pour couvrir la fonderie, défendue par 1.200 hommes, opposait à la colonne de Guyeux une résistance que celle-ci ne pouvait vaincre.

Le général Beaufort reçut ordre de la seconder et d'attaquer ce formidable ouvrage de front, en même temps qu'il serait tourné par les chasseurs. Les Espagnols cédèrent enfin à un effort si bien combiné; Courten rallia les débris de la division, entre Escaulas et Figuières, abandonnant cinq redoutes, son artillerie, ses effets de campement et 1.200 prisonniers.

Telle était notre position en Catalogne. Vers les Pyrénées-Occidentales, nous avions pris Fontarabie, Saint-Sébastien, Tolosa, et nous occupions toute la province de Guipuscoa. Moncey, qui remplaçait le général Müller, avait franchi les montagnes et s'était porté jusqu'aux portes de Pampelune. Cependant, croyant sa situation trop hasardée, et, appuyé sur des positions plus sûres, il attendait le retour de la belle saison pour pénétrer dans les Castilles.

GRENIER, pinx.

BATAILLE DE LA MUGA
(17 novembre 1794).

PRISE DE L'ILE DE BOMMEL

L'armée du Nord, dans son rapide mouvement d'invasion, était arrivée sur le Wahal, en face de l'île de Bommel. A partir de Grave sur la Meuse et de Nimègue sur le Wahal, les deux fleuves coulent vers la mer presque parallèlement, se réunissent un moment au-dessous de Thiel, se séparent de nouveau et se rejoignent un peu au-dessus de Gorcum.

Le terrain qu'ils renferment pendant leur séparation constitue ce qu'on appelle l'île de Bommel.

Cette île prise, la Hollande était ouverte à l'invasion. Pendant que Pichegru, atteint de la maladie, comme ses soldats, se donnait à Bruxelles quelques soins nécessaires, Moreau et Reynier le remplaçaient dans le commandement; tous deux conseillaient le repos et les quartiers d'hiver. Mais le général Daendels, réfugié hollandais, proposait avec instance une première tentative sur l'île de Bommel Cette tentative n'ayant pas réussi, on donna à l'armée les quartiers d'hiver dont elle avait tant besoin. Mais le hasard presque miraculeux lui réservait de nouvelles destinées.

« Le froid avait déjà commencé à être très vif; bientôt il augmenta jusqu'à faire espérer que peut-être les grands fleuves seraient gelés. Pichegru quitta Bruxelles et n'acheva pas de se faire guérir, afin d'être prêt à saisir l'occasion de nouvelles conquêtes si la saison la lui offrait. En effet l'hiver devint bientôt plus rude et s'annonça comme le plus rigoureux du siècle. Déjà la Meuse et le Wahal charriaient et leurs bords étaient pris. Le 23 décembre, la Meuse fut entièrement gelée, et de manière à pouvoir porter du canon.

« Le général Walmoden, à qui le duc d'York avait laissé le commandement en partant pour l'Angleterre, et qu'il avait condamné ainsi à n'esssuyer que des désastres, se vit dans la position la plus difficile. La Meuse étant glacée, son front se trouvait découvert; et le Wahal, charriant, menaçant même d'emporter tous les ponts, sa retraite était compromise. Bientôt même il apprit que le pont d'Arnheim venait d'être emporté; il se hâta de faire filer sur ses derrières ses bagages et sa grosse cavalerie, et lui-même dirigea sa retraite sur Deventer, vers les bords de l'Yssel.

« Pichegru, profitant de l'occasion que lui offrait la fortune de surmonter des obstacles ordinairement invincibles, se prépara à franchir la Meuse sur la glace. Il se disposa à la passer sur trois points et à s'emparer de l'île de Bommel, tandis que la division qui bloquait Bréda attaquerait les lignes qui entouraient cette place. Ces braves Français, exposés presque sans vêtements au plus rude hiver du siècle, marchant avec des souliers auxquels il ne restait que l'empeigne, sortirent aussitôt de leurs quartiers et renoncèrent gaiement au repos dont ils commençaient à peine de jouir. Le 28 décembre, par un froid de dix-sept degrés, ils se présentèrent sur trois points, à Crèvecœur, Empel et le fort Saint-André; ils franchirent la glace avec leur artillerie, surprirent les Hollandais presque engourdis par le froid et les défirent complètement.

« Pichegru, maître de l'île de Bommel, dans laquelle il avait pénétré en passant sur les glaces de la Meuse, franchit le Wahal sur différents points, mais n'osa pas s'aventurer au-delà du fleuve. (Thiers.)

Prise de l'Ile de Bommel.
(28 décembre 1794).

Mozin, pinx.

LA FLOTTE HOLLANDAISE

Prise par la Cavalerie française

Après l'occupation de l'île de Bommel, le général Pichegru fut bientôt maître de toute la Hollande ; il passa le Wahal, et en quelques jours ses troupes occupèrent les villes de Nimègue, Dordrecht, La Haye et Utrecht. Le 20 janvier, l'armée française entra à Amsterdam. Le général français marchait en tête, accompagné des représentants Lacoste, Bellegarde et Joubert. Les habitants accoururent à sa rencontre, aux cris mille fois répétés de : « Vive la République française ! Vive Pichegru ! Vive la liberté ! » Ils admiraient, dit Thiers, ces braves gens qui, à moitié nus, venaient de braver un pareil hiver et de remporter tant de victoires. Les soldats français donnèrent dans cette occasion le plus bel exemple d'ordre et de discipline. Privés de vivres et de vêtements, exposés à la glace et à la neige, au milieu de l'une des plus riches capitales de l'Europe, ils attendirent pendant plusieurs heures, autour de leurs armes rangées en faisceaux, que les magistrats eussent pourvu à leurs besoins et à leurs logements.

Pichegru, dit Jomini, avait envoyé dans la Nord-Hollande des détachements de cavalerie et d'artillerie légère, avec ordre de traverser le Texel, de s'approcher des vaisseaux de guerre Hollandais qu'il savait être à l'ancre et de s'en emparer. C'était la première fois qu'on imaginait de prendre une flotte avec des hussards ; cependant cette tentative réussit au-delà de toute espérance.

Le chef de bataillon Lahure, commandant l'avant-garde de la brigade du général Solv., à la tête d'un escadron du 8ᵉ hussards, de deux pièces d'artillerie légère, des 3ᵉ et 5ᵉ bataillons francs, se dirigeant à marches forcées sur Harlem, arriva à Alkmaer, où il apprit que la flotte hollandaise était retenue dans les glaces, en face du Helder. Il partit le soir, après avoir fait prendre à chacun de ses hussards un tirailleur en croupe, arriva dans les dunes avant le jour, ordonna aussitôt toutes ses dispositions et aborda sur la glace les vaisseaux surpris, qui ne firent qu'un vain semblant de résistance. Toute la flotte hollandaise tomba ainsi au pouvoir de la République.

Malgré les exhortations et les subsides de l'Angleterre, la coalition se désagrégea au printemps de 1795.

La Prusse, par le traité de Bâle (5 avril), la Hollande, par celui de la Haye (16 mai), l'Espagne, par un second traité de Bâle (12 juillet), reconnurent la République Française et firent leur paix avec elle. La Prusse nous cédait ses possessions de la rive gauche et entraînait dans sa neutralité les États allemands, ses voisins. La Hollande, érigée en République batave, s'alliait à nous contre l'Angleterre et nous prêtait ses flottes. L'Espagne nous abandonnait ses possessions de Saint-Domingue.

Ces défections et nos victoires répétées ne purent faire fléchir la vindicative Grande-Bretagne. Cependant l'empereur et le Piémont se fatiguaient d'une guerre désastreuse. Ils négocièrent longuement, afin de se faire payer plus cher d'un côté ou de payer moins de l'autre. La France elle-même, satisfaite de tenir enfin sa frontière nouvelle, le Rhin, désirait sincèrement une paix extérieure qui lui eût permis de pacifier la Vendée et la chouannerie agonisante. Ces situations respectives expliquent l'inaction relative des belligérants durant la belle saison de 1795.

Morin, pinx.
LA CAVALERIE FRANÇAISE PREND LA FLOTTE HOLLANDAISE, GELÉE DANS LE TEXEL
(21 janvier 1795).

A L'ARMÉE DES PYRÉNÉES

Le général Pérignon résolut de continuer le mouvement ordonné par Dugommier.

Le 20 novembre 1794, l'adjudant-général Bon, avec ses chasseurs, défila, pour ainsi dire, par des sentiers impraticables, passa plusieurs fois la Muga, dans l'eau jusqu'à la ceinture, gravit la montagne d'Escaulas sous le feu terrible des batteries espagnoles et enleva à la baïonnette la fameuse redoute du centre. Bon, de concert avec le général Guillot, appuyé de la brigade Guyeux, comme réserve, s'élança sur la redoute de Notre-Dame-del-Rour, revêtue en maçonnerie, armée de vingt-cinq pièces de canon et défendue par des détachements aux ordres de Cazigal et de Godoy.

Le comte de la Union, apprenant à Figuières que l'action était engagée sur toute sa ligne, accourut en toute hâte à la redoute del-Rour, au moment où elle était ainsi assaillie. Voulant faire une sortie sur les Français, il tomba frappé d'une balle, et ses troupes, découragées par cet événement autant que par ce qui se passait à la gauche, et par l'audace des assaillants, prirent en désordre le chemin de Figuières.

Pendant ce temps, la colonne de Verdier et de Chabert aborda le camp de Llers à la baïonnette, mit en fuite les brigades Perlasca et Puerto qui le défendaient et leur laissa à peine le temps d'enclouer leur artillerie. En vain un corps considérable, venant de Figuières, voulut rétablir le combat : entraîné par les fuyards, il fut refoulé dans la place et y entra pêle-mêle avec eux.

La déroute et la confusion furent portées au comble dans l'armée espagnole, privée de chefs pendant plusieurs heures, et la journée du

20 novembre ouvrit les portes de l'Espagne à l'armée française. Le lendemain de la bataille, elle campa à la vue de Figuières. Augereau appuya sa droite à la Madeleine et sa gauche à Pont-de-Molins. Un corps considérable de sa division, établi à Villafranca, coupa la communication de cette forteresse avec les débris de l'armée battue. Le général Beaufort, commandant le centre, couvrit le pont de Ricardel et la grande route ; Sauret prit poste à Saint-Clément. La brigade Victor s'avança vers la côte entre Llanca et Cadaquès, puis occupa les hauteurs qui dominent Roses.

Cette dernière ville n'avait jamais été assiégée jusqu'alors, sans une flotte qui secondât les opérations de l'armée de terre. Cette ressource manquait au chef de l'armée des Pyrénées-Orientales ; mais, selon le langage des rapports du temps, « Pérignon connaissait toute l'intrépidité des soldats qu'il commandait, et il n'hésita pas à entreprendre un siège qui eût paru à d'autres d'une exécution impossible ».

Les rigueurs de l'hiver, pas plus que la résistance acharnée des assiégés, ne ralentirent un seul instant les travaux. On était au 31 janvier 1795 : les officiers du génie avaient déclaré « qu'ils ne pouvaient continuer les travaux du siège si les retranchements n'étaient pas emportés ». — « Qu'on se prépare donc ! dit Pérignon, je serai demain à la tête de mes grenadiers. »

Le lendemain, à cinq heures du matin, la colonne de grenadiers, leur général en tête, sort de la tranchée ; à huit heures, tous les retranchements en avant de la place étaient enlevés malgré la plus vive résistance et le feu le plus meurtrier.

Le 3 février, la place capitula. Roses tomba au pouvoir des Français après soixante et un jours de siège ; et la Convention décréta que l'armée des Pyrénées-Orientales ne cessait pas de bien mériter de la patrie.

Moreau.

PRISE DE LUXEMBOURG

De toutes les villes de la rive gauche du Rhin, Luxembourg et Mayence étaient les seules qui ne fussent pas tombées au pouvoir des armées françaises. Luxembourg avait été investi dans les derniers jours du mois de novembre 1794. Le feld-maréchal baron de Bender y commandait et n'avait pas moins de 15.000 hommes sous ses ordres.

Cette nombreuse garnison, jointe à la force de la place et à l'immense matériel qu'elle renfermait, faisait croire qu'elle opposerait une longue résistance. L'armée française, au contraire, manquait de tout, comme c'était alors le sort de toutes les armées de la République.

Moreau, qui la commandait, avait fait inutilement sommer la place de se rendre. On lui donna, au mois de mars 1795, le général Hatry pour successeur.

Dans les derniers jours d'avril, le général Hatry, averti par plusieurs déserteurs que les assiégés commençaient à souffrir beaucoup dans la place, se décida à renouveler au gouverneur la sommation que lui avait déjà fait parvenir Moreau. Mais, sur la réponse également négative du feld-maréchal Bender, le général français ordonna aussitôt de mettre à exécution les menaces qu'il avait faites de brûler la place. En conséquence, il fit tout disposer pour qu'il fût élevé sur une hauteur boisée, située vis-à-vis et à une petite distance du fort Saint-Charles, une batterie blindée, qui devait être armée d'un grand nombre de mortiers.

On mit à la construction de cette batterie une telle activité que peu de jours suffirent pour qu'elle fût en état de foudroyer la place.

Le gouverneur tenta plusieurs sorties pour détruire les ouvrages des assiégeants, et n'ayant pu y parvenir, les habitants effrayés, et craignant déjà de voir leurs maisons réduites en cendres, et eux-mêmes écrasés sous leurs débris, s'assemblèrent tumultueusement autour du gouverneur et demandèrent à grands cris qu'on épargnât à leur ville les horreurs d'un bombardement, en consentant une capitulation.

Le feld-maréchal Bender, gagné enfin par leurs sollicitations, et d'ailleurs désespérant plus que jamais de se voir délivré par l'arrivé de quelques secours, se décida à capituler. Le 1er juin il envoya au général Hatry un parlementaire chargé de lui demander à entrer en accommodement, et, par une circonstance qui nous paraît digne d'être remarquée, c'était aussi le 1er juin 1684 que cette même place de Luxembourg, assiégée par le maréchal de Créqui, demanda également à entrer en capitulation

Le général de division Hatry rendait compte de son importante conquête dans une lettre datée de son quartier général d'Itzig, le 13 juin. Il disait : « Enfin elle est à la République cette première forteresse de l'Europe, et la dernière colonne autrichienne l'a évacuée hier 12, à cinq heures du matin : je vous envoie 24 drapeaux et un étendard que l'adjudant général Charpentier vous remettra. Je ne puis assez faire l'éloge des troupes dont le commandement m'est confié : officiers et soldats, tous y ont mis le plus grand dévouement; et, malgré le feu continuel des plus vifs et de toute espèce que la place faisait jour et nuit, soit sur les travailleurs, soit sur les différents camps, jamais les travaux n'ont été ralentis un seul instant. »

Prise de Luxembourg
(12 juin 1795).

PASSAGE DU RHIN A DUSSELDORF

L'armée du Rhin-et-Moselle, arrêtée depuis longtemps sous les murs de Mayence, avait investi cette ville du côté de la rive gauche du fleuve. Mais l'investissement ne pouvait être complet, et le siège ne pouvait commencer tant qu'on ne se serait pas rendu maître de l'autre rive.

Le général Jourdan, avec l'armée de Sambre-et-Meuse, était dans les environs de Cologne; il devait subordonner ses mouvements à ceux de l'armée de siège, passer le fleuve et compléter l'investissement de la place sur la rive opposée. Mais Clerfayt, maître de toute la rive droite du Rhin, en occupait les points principaux, et ses troupes réparties dans une longue ligne de cantonnement, depuis Dusseldorf jusqu'à Bâle, étaient parfaitement retranchées.

Le général en chef de l'armée de Sambre-et-Meuse résolut le passage du fleuve sur la ligne de Dusseldorf; mais il fallait, pour réussir, tromper la vigilance de l'ennemi et lui donner le change en masquant ses opérations. Jourdan fit, en conséquence, quelques démonstrations du côté de Weissenthurn et dirigea tout un équipage de pont sous le feu de la forteresse d'Ehrenbreistein et de toutes les batteries dont la rive droite était hérissée en face de Coblentz. Pendant ce temps, l'armée française faisait des préparatifs pour passer le Rhin à Dusseldorf.

Kléber avait proposé au général en chef de s'emparer de cette ville, aussitôt après le passage du fleuve; l'exécution de cette entreprise était difficile et périlleuse. Dusseldorf était fortifiée, défendue par une garnison de 2.000 hommes, protégée par un camp retranché où se trouvait 12 ou 15.000 Autrichiens, et par une citadelle dont les remparts, hérissés de plus de cent bouches à feu, semblaient défier les plus courageux efforts.

C'était là que Championnet, avec une partie de sa division, devait traverser le fleuve. Quatorze compagnies de grenadiers entrèrent dans des barques qui avaient été préparees. Le silence le plus absolu fut recommandé, la peine de mort était prononcée contre tout soldat qui ferait feu pendant la traversée.

A onze heures du soir, la flottille se mit en mouvement. Les ennemis pouvant distinguer, à la clarté de la lune, les mouvements de l'armée française, la flottille ne tarda pas à éprouver le feu de leur artillerie; l'artillerie française, placée sur la rive gauche du Rhin, protégea le passage et fit taire le feu des Autrichiens. Les grenadiers exécutèrent en silence les ordres du général Championnet. Enfin la flottille touche au rivage opposé, les grenadiers s'élancent aussitôt avec la plus grande impétuosité, culbutent l'ennemi et s'emparent de ses positions. Championnet suit l'armée et donne ordre au général Legrand, de bloquer sur-le-champ Dusseldorf. Le Gouverneur, sur la sommation qui lui fut faite, se rendit avec la garnison.

Alors Jourdan s'avança par la route de Dusseldorf à Francfort, entre la ligne de la neutralité prussienne et le Rhin, et arriva vers la Lahn, le 20 septembre. Au même moment, Pichegru avait ordre d'essayer le passage sur le Haut-Rhin et de sommer Manheim. Cette ville florissante, menacée d'un bombardement, se rendit contre toute attente, le 20 septembre également. Dès cet instant, tous les avantages étaient pour les Français. Pichegru, basé sur Manheim, devait y attirer toute son armée et se joindre à Jourdan dans la vallée du Mein.

Passage du Rhin a Dusseldorf
(6 septembre 1795).

COMBAT DE SUCCARELLO

Vers le milieu de 1795, notre situation n'était guère brillante à la frontière des Alpes. Sur le Rhin, du moins, nous avions fait l'importante conquête du Luxembourg, tandis que, du côté de la frontière d'Italie, nous avions reculé. Kellermann commandait les deux armées des Alpes ; elles étaient dans le même état de pénurie que toutes les autres et, de plus, étaient affaiblies par l'absence de plusieurs détachements envoyés de côtés et d'autres. Les Piémontais et les Autrichiens, au contraire, avaient été renforcés de 10.000 hommes venus du Tyrol. Le général Dewins, profitant du moment où Kellermann venait de détacher une de ses divisions de Toulon, avait attaqué sa droite vers Gênes. Kellermann, ne pouvant résister à un effort supérieur, avait été obligé de se replier.

Au mois de septembre 1795, l'armée française appuyait la droite de sa ligne à Borghetto, village sur la rivière de Gênes, environné de murs et défendu par un camp retranché. De là, passant sur les montagnes du Saint-Esprit et de Monte-Vento, couronnées de plusieurs étages de batteries, elle se prolongeait vers les mamelons des Deux-Frères, entre lesquels était un petit camp retranché. Celui-ci se rattachait au Petit-Gibraltar, rocher barrant la côte du contrefort de Sambucco, qu'on n'aurait pu occuper sur tout son développement sans s'exposer à se faire couper. Le poste du Petit-Gibraltar était soutenu d'un côté par un ouvrage en crémaillère sur une queue de rocher et, de l'autre, par le camp dit du Chant-des-Prêtres.

La ligne de l'armée austro-sarde commençait à Loano, petite ville en face de Borghetto, se prolongeant ensuite vers l'Apennin, jusque sur les hauteurs à droite et à gauche du Tanaro. Voici comment les cantonnements de cette armée étaient répartis :

Le général Wallis, pendant la maladie de Dewins, commandait à Loano la droite, toute composée de troupes autrichiennes ; la gauche, sous les ordres du marquis de Colli, formée de Piémontais, était du côté de Tanaro, et le général d'Argenteau se trouvait au centre avec les troupes allemandes, les régiments italiens au service de l'Autriche et quelques bataillons piémontais.

La position de Borghetto offrait à l'armée française de grands avantages pour prendre l'offensive, et il y avait nécessité pour le général Wedins qui pouvait être inquiété dans Loano, de s'en emparer. Le 17 septembre il renforça le comte d'Argenteau de deux mille hommes d'élite, et lui ordonna d'établir une batterie de six bouches à feu pour protéger l'attaque qui devait avoir lieu le lendemain au point du jour et commencer sur le point de Succarello. On se battit avec acharnement, et déjà les Autrichiens espéraient la victoire, lorsque le général Sejean ordonna à l'adjudant-général Saint-Hilaire de sortir du camp des Deux-Frères et de marcher avec les éclaireurs et les grenadiers sur le flanc gauche de l'ennemi. Un brouillard fort épais couvrit ce mouvement, en assura la réussite, et les Impériaux furent repoussés jusque dans les redoutes de Sambucco.

COMBAT DE SUCCARELLO
(8 septembre 1795).

BATAILLE DE LOANO

La paix conclue avec l'Espagne avait permis d'envoyer à l'armée des Alpes une portion des troupes employées jusque-là sur la frontière des Pyrénées. Les nouveaux bataillons arrivèrent aux premiers jours d'octobre, et à la même époque, le général Kellermann, appelé à un autre commandement, remit à Schérer celui de l'armée d'Italie. L'avantage remporté à Succarello promettait de nouveaux succès : Schérer se mit en mesure de les obtenir. La grande quantité de neige qui était tombée dans les montagnes ayant forcé les avant-postes des deux armées à se retirer dans les vallées, il dut renoncer à attaquer les positions que les Piémontais occupaient dans les montagnes, et, lorsque l'ennemi croyait les troupes françaises à la veille d'entrer dans leurs cantonnements, Schérer songeait, rapporte Jomini, à accabler les Autrichiens dans la rivière de Gênes. Ayant ordonné d'attaquer l'ennemi dans sa position de Loano, le 23 novembre, il arrêta les dispositions suivantes :

La division Augereau, à la droite, fut chargée de se porter entre Loano et le Monte-Carmelo et de faire effort particulièrement de ce côté ; la tâche de Masséna, au centre, consistait à enlever les hauteurs de Roccabarbène et de Monte-Lingo avec les divisions de Laharpe et Charlet ; tandis qu'à la gauche Serrurier, avec 7.000 hommes, tiendrait en échec le corps de Colli, dans le camp de San-Bernardo et de la Planetta, jusqu'au moment où Masséna, maître des sommités de l'Apennin, pourrait, en lui envoyant du renfort, le mettre en état de prendre l'offensive à son tour et de forcer le passage des gorges de Garessio.

Un brick et neuf chaloupes canonnières prirent poste sur la plage, entre Borghetto et la Pietra, pour inquiéter le flanc gauche de l'ennemi, et l'attaque commença au signal de deux fusées lancées du Saint-Esprit.

Ce fut Augereau qui, avec vigueur, mais sans précipitation, commença l'attaque. Il enleva les trois mamelons qui formaient les avant-postes autrichiens, malgré l'héroïque résistance du général Roccavina. Pendant ce temps, Masséna, avec sa vigueur et son audace accoutumées, franchissait les crêtes de l'Apennin et faisait attaquer les flancs d'Argenteau par les généraux Laharpe et Charlet. Le premier repoussa de Malsabocco les régiments italiens de Belgiojoso et de Caprara, et fit grand carnage des deux bataillons piémontais qui voulurent résister; l'autre enleva aux Impériaux Banco et toute l'artillerie qui le garnissait. Ces deux opérations terminées, Masséna réunit ses troupes et marcha en toute diligence sur Bardinetto, où Argenteau avait rallié ses forces, et l'attaqua de front et sur les flancs. Le combat devint opiniâtre, Charlet tomba blessé à mort; mais Masséna décida la victoire, en chargeant à propos, à la tête de la réserve; les Impériaux, battus, se retirèrent de peur d'être enfoncés. A peine aperçut-il leur mouvement rétrograde qu'il envoya le général Cervoni avec trois bataillons, par des sentiers très difficiles, s'emparer des hauteurs de Settepani et de Melogno, tandis qu'il harcelerait leurs derrières. Mais ces précautions devinrent inutiles, Argenteau s'étant retiré dans le plus grand désordre à Murialto, derrière la Bormida.

Un orage de vent et de neige empêcha la poursuite d'être aussi redoutable à l'ennemi qu'elle pouvait l'être. Cependant plusieurs milliers de morts qu'il laissa sur le champ de bataille, 5.000 prisonniers, 40 pièces de canon et des magasins immenses furent le fruit de cette victoire. Elle jeta l'épouvante en Italie et prêta quelque force au gouvernement du Directoire, qui venait de succéder à celui de la Convention Nationale.

BATAILLE DE LOANO
(13 novembre 1795).

Bellangé, pinx.

TABLE DES MATIÈRES

	Pages.
La déclaration de guerre	1
L'armée française	5
La panique de Quiévrain	9
La patrie en danger	13
Les volontaires nationaux	17
Longwy et Verdun	25
Dans l'Argonne	31
Valmy	41
Conquête de la Savoie et de Nice	49
Le siège de Lille	61
Le siège de Thionville	65
Reprise de Longwy	69
La campagne du Rhin	73
Combat de Boussu	85
La bataille de Jemmapes	89
Combat d'Anderlecht	101
Combat de Waroux	105
Siège de Namur	109
Prise de Bréda	117
Prise de Gertruydenberg	121
Combat de Tirlemont et de Goixsenhoven	125

	Pages.
Bataille de Hondschoote	129
Combat du mas de Roz	145
Siège de Mayence	151
Bataille de Peyrestortes	165
Wattignies et Menin	169
Entrée dans Moutiers	177
Gillette et Toulon	181
Combat de Wœrth	193
A Monteilla et au camp de Boulou	197
Prise du Petit Saint-Bernard	205
Combats d'Arlon et de Mouscron	209
Bataille de Tourcoing	217
Combat de Marchiennes	221
A la veille de Fleurus	225
Combat de la Croix-des-Bouquets	237
Bataille de Fleurus	241
Prise d'Anvers	249
Combat d'Aldenhoven	259
Prise de Maestricht	271
Bataille de la Muga	275
Prise de l'île de Bommel	279
La flotte hollandaise prise par la cavalerie française	283
A l'armée des Pyrénées	287
Prise de Luxembourg	291
Passage du Rhin à Dusseldorf	295
Combat de Succarello	299
Bataille de Loano	303

TABLE DES GRAVURES

	Pages.
Marquis de Lafayette	3
Baron de Luckner	7
Comte de Rochambeau	11
La garde nationale de Paris part pour l'armée	15
Championnet	19
Marquis de Pérignon	21
Biron	27
Marceau	29
Combat dans les défilés de l'Argonne	33
Dumouriez	37
Pierre de Ryel, marquis de Beurnonville	43
Bataille de Valmy	45
Marquis de Montesquiou	51
Prise de Chambéry	53
Prise de Villefranche et invasion du comté de Nice	57
Levée du siège de Lille	63
Levée du siège de Thionville	67
Reprise de Longwy	71
Custine	75
Entrée de l'armée française a Mayence	77
Prise de Francfort-sur-le-Mein	81

	Pages.
Combat de Boussu	87
Dampierre	91
Bataille de Jemmapes	93
Entrée de l'armée française a Mons	97
Combat d'Anderlecht	103
Combat de Waroux	107
Siège de Namur	111
Siège et prise des chateaux de Namur	115
Prise de Bréda	119
Prise de Gertruydenberg	123
Combat de Tirlemont et de Goidsenhoven	127
Houchard	131
Jourdan	133
Bataille de Hondschoote	137
Prise du camp de Pérulle	141
Dagobert de Fontenille	147
Combat du mas de Roz	149
Beauharnais	153
Hoche	155
Kléber	159
Kellermann	163
Bataille de Peyrestortes	167
Bataille de Wattignies	171
Prise de Menin	175
Entrée de l'armée française a Moutiers	179
Dugommier	183
Siège de Toulon	185
Combat de Gillette	189
Combat de Wœrth	195
Combat de Monteilla	199
Prise du camp de Boulou	203
Prise du Petit Saint-Bernard	207
Combat d'Arlon	211
Combat de Mouscron	215

TABLE DES GRAVURES

	Pages.
Bataille de Tourcoing	219
Combat de Marchiennes	223
Combat d'Hooglède	227
Prise d'Ypres	231
Prise de Charleroi	235
Combat de la Croix-des-Bouquets (Pyrénées-Orientales)	239
Bataille de Fleurus	243
Bataille de Fleurus	247
Prise d'Anvers	251
Prise d'Anvers	255
Pichegru	261
Combat d'Aldenhoven. Prise de Juliers	265
Lefebvre	269
Prise de Maestricht	273
Bataille de la Muga	277
Prise de l'île de Bommel	281
La cavalerie française prend la flotte hollandaise, gelée dans le Texel	285
Moreau	289
Prise de Luxembourg	293
Passage du Rhin à Dusseldorf	297
Combat de Succarello	301
Bataille de Loano	305

TOURS
IMPRIMERIE DESLIS FRÈRES
6, rue Gambetta

www.ingramcontent.com/pod-product-compliance
Lightning Source LLC
Chambersburg PA
CBHW071334150426
43191CB00007B/724